Finde deine Berufung!

Persönliche Transformation bewusst gestalten

Gregor Adamczyk
Tiziana Bruno

HAUFE.

Inhalt

Vorwort

Während der Pandemie gerieten viele Lebensentwürfe ins Wanken. Viele Menschen und auch die Autoren dieses TaschenGuides haben sich in dieser Zeit die Frage gestellt, was ein gelungenes und sinnvolles Leben ausmacht. Doch nicht nur in der Krise ist die Beschäftigung mit der eigenen Berufung relevant. Wie kann ich in der modernen Welt erkennen, welcher Berufsweg und welche Lebenslinie für mich Sinn ergeben? Und wenn ich mich womöglich verrannt oder verlaufen habe und mitten im Leben ratlos dastehe, wie kann ich meine Bestimmung finden und in die Tat umsetzen?

Wir stellen dir in diesem Buch unsere Interpretation von Berufung vor. Du lernst hilfreiche Methoden der Lebensgestaltung kennen, die wir heute als Lebensdesign bezeichnen, frei nach dem Motto: Ich kann die Zukunft zwar nicht vorhersehen, sie jedoch gemeinsam mit anderen gestalten.

Dieser TaschenGuide ist all denjenigen gewidmet, die wir als Trainer und Coaches in Zeiten ihres persönlichen Umbruchs begleiten durften und dürfen. Und wir haben ihn für all diejenigen geschrieben, die den Mut dazu haben, sich ehrlich die Fragen nach der Sinnhaftigkeit ihres Tuns zu stellen und ihre gewohnte Welt neu zu gestalten.

Wir wünschen dir viel Spaß auf der spannenden Reise zu deiner wahren Berufung,

Tiziana Bruno und Gregor Adamczyk

Was ist Berufung?

Das Leben ist zu kurz, um Dinge zu tun, die dich nicht erfüllen. Sicherlich denkst du auch so, sonst hieltest du nicht dieses Buch in den Händen. Doch wo und wie beginnt man sie, die Suche nach der wahren Berufung?

In diesem Kapitel erfährst du unter anderem,

- warum die Sinnsuche nicht nur Göttern und Heldinnen vorbehalten ist,

- wie du herausfindest, ob du dort, wo du gerade stehst, noch richtig bist,

- dass der Weg zur Berufung nicht immer ein Höllentrip ist, sondern auch eine angenehme Wanderung sein kann.

Komm mit auf die schönste Reise deines Lebens

Wir nehmen dich in diesem TaschenGuide mit auf die schönste Entdeckungsreise deines Lebens: der Reise zu dir selbst. In kleinen Schritten näherst du dich deinem wahren Potenzial und fängst an, dein (Arbeits-)Leben so zu gestalten, dass du noch mehr von dir selbst einbringen kannst. Dass du noch mehr das Leben leben kannst, das auf dich gewartet hat und von dir entdeckt werden möchte: dein erfülltes Leben.

Du kannst den Zugang zu deiner echten Berufung auf unterschiedliche Art und Weise finden. Wir haben dir in diesem Buch ein reichhaltiges Buffet an Methoden und Übungen zusammengestellt. Du kannst dir das aussuchen, was dir am besten schmeckt. Oder du springst über deinen eigenen Schatten und probierst mal was aus, was dich im ersten Moment irritiert. Raus aus den Routinen und Begrenzungen, rein in die Möglichkeiten!

Lass uns mit der Definition von Berufung starten und uns dem Thema zunächst auf der kognitiv-rationalen Ebene nähern.

Berufung: Definitionsversuche

Ist der Begriff Berufung nur für die religiöse Welt reserviert? Als göttliches Zeichen für Auserwählte? Dürfen moderne Menschen, die zwar laut einer Umfrage von Forsa in Deutschland zu zwei Drittel an Schutzengel glauben, sich aber in der Berufswahl und der Lebensgestaltung rational geben, auf eine Inspiration hoffen, die den Sinn ihres Lebens erklärt? Gibt es eine »göttliche Stimme« in uns, die der größte antike Denker Sokrates »Daimonion« nannte, die uns warnt und berät? Und mal so, für die eher Nicht-religiösen, wäre eine solche Botschaft für mich überhaupt annehmbar, wenn der Preis dafür das Verlassen meiner gewohnten Welt wäre?

Wir haben unsere Kontakte in den Sozialen Medien gebeten, »Berufung« zu definieren (eine umfassende Sammlung der Antworten findest du unter https://mybook.haufe.de nach Eingabe des Buchcodes TGA-HL12 in der Kategorie »Kommunikation & Soft Skills«). Trotz ziemlich unterschiedlicher Antworten fielen drei Begriffe immer wieder im Zusammenhang mit Berufung:

- die Sinnhaftigkeit,

- die eigenen Fähigkeiten,

- das Hören auf die innere Stimme.

Die Sinnhaftigkeit

Mit einem verklärten Blick auf die Lebensläufe von Berühmtheiten sagen viele: »Berufung bedeutet, einer Sache zu dienen, die größer ist als das eigene Ich«. James Bond ist im Auftrag Ihrer Majestät unterwegs, die Deutsche Post im Auftrag ihrer Kunden und manche Führungskräfte, die sich im Sinne von Servant Leadership als Coaches statt als Drill-Sergeants sehen, im Dienst ihrer Mitarbeiter:innen.

Einer großen Sache zu dienen, ist verdammt schwer. Politisch oder sozial engagierte Menschen bringen Opfer. Doch nicht jeder von uns wäre bereit, Freiheit, Gesundheit oder gar sein Leben auf's Spiel zu setzen, um für Gerechtigkeit oder Meinungsfreiheit zu kämpfen.

Auch ein anderer Aspekt ist nicht zu unterschätzen: Einer großen Sache zu dienen, kann die unangenehme Konsequenz der Verblendung haben. Die Anhänger einer bestimmten Weltanschauung, einer Sportmannschaft oder eines Stadtviertels neigen zu Stammesdenken. Dieses Denken definiert sich durch Regeln und Tabus und verwandelt eine Gruppe in ein kulturelles Hochsicherheitsgebiet. Jeder von uns kennt dieses Phänomen auch sehr gut aus Organisationen. Menschen identifizieren sich mit Bereichen in Unternehmen so stark, dass sie ein Silodenken entwickeln und kaum bereit sind, den anderen Geschäftsbereichen wohlwollend zu begegnen. Veränderungen werden als Gefahr für die eigene Identität diagnostiziert und mehr oder minder elegant abgeblockt.

Die innere Stimme: schwer zu hören im Lärm des Alltags

Für die innere Stimme gibt es mittlerweile viele Synonyme, wie z. B. innere Führung, innere Weisheit, inneres Wissen, Intuition, innerer Ruf, Higher Self, beste und weiseste Version von sich selbst, innere Verbundenheit, innere Intelligenz, Seelenimpulse.

Unsere Aufmerksamkeit wird heutzutage sehr stark von der Außenwelt in Anspruch genommen, so etwa durch digitale Medien, berufliche und soziale Verpflichtungen. Die innere Stimme nehmen wir aufgrund des Trubels um uns herum oft gar nicht mehr wahr. Unser Wahrnehmungsmuskel erschlafft damit immer mehr. Dadurch verlieren wir eine wichtige Kompetenz, die wir als Grundausstattung für unser Leben mitbekommen haben: unsere Wahrnehmungsfähigkeit.

> Wenn wir es schaffen, den Zugang zu unseren Gefühlen und Bedürfnissen, zu unserem Körper und zu unserer inneren Stimme wieder herzustellen, dann wird es uns leichter fallen, die Regie für unsere eigene Lebensgestaltung in die Hand zu nehmen und zu ergründen, was der nächste sinnvolle Schritt sein könnte.

Resonanz: Wegweiser zur inneren Stimme

Sowohl in der Antike als auch in modernen Zeiten gab es genug kluge Köpfe, die versucht haben darauf hinzuweisen, wie wichtig es ist, dass der Mensch sich in der Beziehung zu sich selbst und zur Welt nicht entfremdet, dass er einen Sinn in seinem Tun erkennt und pflegt.

Vor einigen Jahren hat der deutsche Soziologe Hartmut Rosa in den Dialog über unsere Beziehung zur Welt den Begriff der Resonanz eingebracht. Er beschreibt damit ein Phänomen, das uns allen sehr bekannt ist: Etwas in der Natur, in der Kunst oder in einem anderen Menschen bringt in uns irgendetwas zum

Schwingen. Wir fühlen uns berührt, angesprochen, beeindruckt. Wir können diesen Moment wie den ersten Kuss oder den ersten Schnee weder konservieren, noch wiederholen in seiner Einzigartigkeit, doch er hinterlässt einen Eindruck in uns. Und genau diesen Eindruck kann ich als Ruf wahrnehmen.

Ich kann mein inneres Schwingen erforschen – wie eine Komponistin, die mit unterschiedlichen Tönen spielt, oder ein Florist, der sich von der Schönheit der Blumen inspirieren lässt. Ich muss es anfangs nicht verstehen können und vielleicht auch nicht beschreiben. Doch ich kann es als eine Einladung in die Zukunft meiner Selbstentwicklung betrachten.

Es gibt eine alte küchenpsychologische Weisheit: Veränderung bedeutet nur mehr von dem zu sein, was man jahrelang verleugnet hat. Stelle dir Folgendes vor: Wie wäre es, wenn

- du alles in dir trägst, um ein erfülltes Leben zu leben?

- es nur darum ginge, die richtigen Fragen zu stellen, um die verborgenen Antworten zu entdecken?

- wenn du alle deine Antworten in dir trägst und genau weißt, was der nächste Schritt ist?

- es nur darum ginge, dich von dem ganzen Lärm in dir und um dich herum zu befreien, um deine innere Stimme wieder zu hören, damit du deinem eigenen Ruf folgen kannst, ganz leicht und voller Neugier?

Wie wäre es, wenn das Berufung wäre? Wie wäre es, wenn am Ende dessen ein Schatz auf dich wartete: die Erkenntnis, was deine wahre Berufung ist?

Für Verhaltensökonomen wie Daniel Kahneman oder Gerd Gigerenzer führt der Erfolgsweg zur Selbsterkenntnis darüber, »fatale Heuristiken« oder »Noise« zu vermeiden, also Fehlannahmen und Nebengeräusche, die uns von der richtigen Wahl ablenken. Die US-amerikanische Psychologin Brené Brown, die sich selbst als Scham- und Verletzlichkeitsforscherin bezeichnet, nennt den lärmenden Trupp der Ablenkungsmanöver liebevoll »Gremlins«. Auch in unseren Reflexionsanregungen und Übungen geht es darum, jegliche Art von Lärm und Ablenkungen zu verringern oder gar ganz schmelzen zu lassen,

- damit du in deinen Wesenskern kommst, deine Einzigartigkeit erkennst, würdigst und leben kannst.
- damit du den Ort findest, an dem du sinnstiftend für dich und für andere bist, mit all deinen einzigartigen Fähigkeiten und Gaben.

Der Berufungs-Check

In der mit einem Oscar prämierten Dokumentation »Mein Lehrer, der Krake« sehen wir einen ausgebrannten Filmemacher, der in seine Heimat zurückkehrt, an die Küste von Südafrika. Beim täglichen Schnorcheln im Algenwald befreundet er sich mit einem Oktopus. Fasziniert von der Überlebenskraft des Kraken findet er in den Stunden unter Wasser wieder zu sich selbst. Zu sich als Vater, Ehemann, Mensch. Er entdeckt seine Gefühlswelt wieder und erlebt sich demütig als Teil eines wunderschönen Universums. Wow, was für eine großartige Story!

Nicht jeder von uns kann solch eine wunderbare Lebenswende in einer schönen Landschaft erleben. Und vielleicht braucht es auch keine radikalen Schritte, Transformationen und Dramen. Nur du selbst kannst herausfinden, was du brauchst. Als Hilfestellung bieten wir dir einen kurzen Berufungs-Check an. Eine diagnostische Untersuchung, eine gegenwärtige Bestandsaufnahme. Wir wollen dir hier weder einen Berufungsmangel einreden, noch dich zu radikalen Schritten überreden. Genauso wenig wollen wir dir eine fehlende Selbstannahme unterstellen und dir auch keine Wunderdiät und Erlösung deiner Seele anbieten.

Schau dir die nächsten Seiten neugierig an und prüfe achtsam, was für dich stimmt und hilfreich ist. Was dich nicht stärkt in deiner Suche nach Sinnhaftigkeit deines Tuns, ist Bullshit, hau es in die Tonne.

Reflexionsfragen zum Einstieg

Beantworte die folgenden Reflexionsfragen, ohne lange nachzudenken. Eine schöne Möglichkeit ist es auch, mit einem Freund oder mit deiner Partnerin spazieren zu gehen und die Fragen gestellt zu bekommen.

> Es kann sein, dass du beim Lesen der Fragen innerlich die Augen verdrehst und zum Beispiel denkst: »Ich habe jetzt keine Zeit für so etwas!«, oder: »Das Leben ist doch kein Wunschkonzert ...«. Solche Reaktionen sind genauso spannend wie deine Antworten. Nimm innere Dialoge wie diese wohlwollend wahr. Sie könnten auf deiner Suche ein wichtiger Hinweis auf deine innere Haltung sein.

Starten wir mit zwei Fragen, um den Berufungs-Check zu beginnen:

- Wenn du mit deinem jetzigen Job kein Geld verdienen müsstest, würdest du ihn weiterhin ausführen?

- Wenn du mit deinem aktuellen Beruf niemandem etwas beweisen müsstest, würdest du ihn weiterhin ausführen?

Wenn du diese Fragen mit Nein beantwortest, dann kannst du davon ausgehen, dass du in deiner Arbeit keine innere Erfüllung empfindest und eher im Funktionier-Modus agierst.

- **Reflexion 1:** Wenn du auf dein berufliches Leben schaust, was ist für dich insgesamt wesentlich und wichtig? Was sollte unbedingt erfüllt sein und was darf keinesfalls fehlen? **Ist-Situations-Check**: Was davon kannst du im Moment umsetzen und leben?

- **Reflexion 2:** Auf welche Art und Weise möchtest du in deinem Beruf anerkannt und belohnt werden? (Beispiele: Karriere, Wertschätzung, viel Freiraum, mehr Geld) **Ist-Situations-Check:** Bekommst du in der jetzigen Situation genug Anerkennung/ Belohnung?

- **Reflexion 3:** Wieviel Prozent deiner Tätigkeiten geben dir Kraft, Energie und sind für dich sinnstiftend? Wieviel Prozent deiner Tätigkeiten rauben dir Kraft und lösen eher negative Gefühle aus?
  Positiv: ... % Negativ: ... %
  Wenn das Negative überwiegt: Was macht das mit dir? War dir das vorher bewusst? Möchtest du etwas ändern?

- **Reflexion 4:** Gibt es Situationen, in denen du am liebsten kündigen möchtest? Was genau ist der Auslöser? **Ist-Situations-Check:** Gibt es oft solche Situationen oder sind sie eher selten?

Dein Fazit: Was ist dein Fazit nach diesen Reflexionsfragen?

- Bist du in dem bestärkt worden, was du schon wusstest?

- Oder bist du betroffen, weil du etwas ausgesprochen hast, was du nicht wahrhaben wolltest?

- Oder ist das Ergebnis, dass du schätzt, was du an deinem Job hast, und bist du zufrieden?

Wie erkenne ich, ob ich hier noch richtig bin?

BEISPIELE: WENDEPUNKTE

Lilly, 38 Jahre alt, arbeitet seit zehn Jahren in einem Konzern. Um etwas Neues dazuzulernen, hat sie sich intern als Agile Coach ausbilden lassen und den Bereich gewechselt. Nach einem Jahr nimmt sie wahr, dass sie diese neue Aufgabe nicht erfüllt. Jetzt hat sie gekündigt, ohne zu wissen, wie es weitergeht.

Manfred, 53, hat 30 Jahre lang in einer Bank gearbeitet. Wegen einer internen Umstrukturierung hat man seine Stelle gestrichen und ihm gekündigt. Manfreds Worst-Case-Szenario ist eingetreten.

Alisha, 29, hat vor drei Jahren ihren Traumjob in einer Unternehmensberatung angetreten. Doch bald schon merkt sie, dass sie sich nur noch auf die Wochenenden freut.

Was haben diese drei Menschen gemeinsam? Sie sind alle an einem Wendepunkt in ihrem Leben angekommen – mehr oder weniger bewusst. Sie alle haben jetzt die Chance, innezuhalten und sich Gedanken zu machen, wie sie ihr Berufsleben ganz bewusst gestalten können.

Oft sind die Anzeichen, dass ein Wendepunkt im Leben erreicht ist, nicht so offensichtlich wie in den Beispielen von Alisha, Manfred und Lilly. Daher haben wir in der folgenden Tabelle weitere Indizien für dich zusammengefasst.

Anzeichen, die dich nachdenklich machen sollten
• Die Stunden in der Arbeit werden immer länger. Du schaust ständig auf die Uhr, wann endlich Feierabend ist. Dein Bildschirmschoner zählt die Tage bis zur Rente rückwärts, obwohl du erst Ende 40 bist.
• Du agierst im Funktionsmodus, ohne Freude oder Energie zu verspüren.
• Dein Körper signalisiert dir immer wieder durch Schmerzen oder Unwohlsein, dass du hier falsch bist.
• Du bist oft unterfordert, kommunizierst zynisch und ironisch.
• Du kannst den Sinn nicht mehr erkennen und es überkommen dich immer häufiger große Leere und Langeweile.
• Die eigene Routine ist zur Macht der Gewohnheit geworden. Du hast keine neuen Ideen mehr. Du sitzt deine Zeit einfach ab.
• Du träumst ständig von anderen Tätigkeiten und Orten, während du im Büro bist.

Kommen dir einige Aspekte bekannt vor? Dann könnte es Sinn machen, dass du dich auf die Reise zu deiner wahren Berufung oder wenigstens zu den wichtigen Motivatoren in deinem Berufsleben begibst.

Viele Wege führen dich zum Ziel

Dein Berufungs-Check ist eher negativ ausgefallen? Keine Sorge. Das heißt jetzt nicht, dass du dein ganzes (Berufs-)Leben auf den Kopf stellen musst. Das Handlungsspektrum, das sich dir eröffnet, ist glücklicherweise weit. Manchmal reicht sogar schon ein Gespräch, um mehr Motivation, Erfüllung oder Zufriedenheit im eigenen Job zu erlangen. Wir stellen dir hier mögliche Handlungsoptionen vor.

Eigene innere Haltung verändern

Die gute Nachricht ist: Wir können ganz bewusst eine innere Haltung wählen, um Situationen, dem Leben und damit auch unserem Handeln eine Bedeutung und einen Sinn zu geben.

BEISPIEL: INNERE EINSTELLUNG JUSTIEREN

Karin arbeitet als Sachbearbeiterin in der Stadtverwaltung. Seit einigen Monaten erledigt sie ihren Job nur noch lustlos. Sie kann es sich nicht erklären, woran es liegt. Sie ist gesund, treibt Sport und fühlt sich körperlich fit. Auf YouTube entdeckt sie eine Dokumentation über eine Internetcommunity, die einen Katzenmörder verfolgt. Sie bewundert das Engagement dieser Menschen. Ein Satz aus der Doku lässt sie nicht in Ruhe und hallt nach in ihr: »Was ist dein Beitrag zum Ganzen?« Bei einem Spaziergang spricht sie etwas verbittert über ihre Berufswahl mit einer guten Freundin, die Hebamme ist und ihre Arbeit liebt. Das Thema verfolgt sie tagelang. Sie überlegt zu kündigen und etwas Neues anzufangen. Plötzlich, eines Abends beim Zähneputzen, wird ihr klar: Du sorgst dafür, dass Menschen mit geringem Einkommen in deiner Stadt eine Wohnung finden. Du unterstützt sie dabei, dass sie eine Zukunftsperspektive bekommen. Karin lächelt sich im Spiegel an. Ihr ist (wieder) bewusst geworden, wofür sie ihren Job angetreten hat vor 15 Jahren. Und jetzt weiß sie auch, warum sie ihre Arbeit nur noch lustlos erledigte: Der Sinn war ihr abhandengekommen. Nachdem er ihr wieder bewusst geworden ist, geht sie mit neuer Motivation an ihre Arbeit. Sie hat ihre innere Einstellung verändert.

Gespräch mit dem oder der Vorgesetzten

In unsere Coachings kommen Menschen, die mit ihrer aktuellen beruflichen Situation unzufrieden sind. Unsere erste Frage an sie ist: Was hast du denn schon alles ausprobiert, um die Situation zu ändern? Oft stellt sich dann heraus, dass das Naheliegendste nicht versucht wurde, nämlich das Gespräch mit den Vorgesetzten. Die Unzufriedenheit wird thematisiert bei Freunden, Partnerinnen oder Kollegen, nur nicht bei den direkten Entscheidern.

BEISPIEL: IN DIALOG TRETEN

Richard merkt, dass ihm seine Arbeit keine Freude mehr macht. Er schleppt sich jeden Tag ins Unternehmen und hat oft schlechte Laune. Richard reißt sich zwar zusammen, doch das kostet ihn unglaublich viel Energie. Er sucht nach langem Hin und Her das Gespräch mit seiner Vorgesetzten und beschreibt seine Demotivation. Sie ist erleichtert, da sie an Richard schon seit ein paar Wochen eine Veränderung wahrgenommen hat, die sie jedoch nicht einordnen konnte. Im Dialog einigen sie sich, dass Richard neue Aufgaben übernehmen wird und mehr Verantwortung bekommt.

Beziehungen aktiv anders gestalten

Wie kommunizierst du mit den anderen im Team? Wie gestaltest du Beziehungen? Bist du eher eine Gebende oder ein Nehmender? Wie ist die Stimmung im Team? Kannst du für eine motivierende, wertschätzende Kommunikationskultur sorgen? Sprichst du heiße Themen an oder bist du eher ein Vermeidungskünstler?

BEISPIEL: EIN NEUES MITEINANDER KREIEREN

Sarah arbeitet seit fünf Jahren im Team. Bisher lief alles prima, doch seitdem alle nur noch remote via Homeoffice miteinander kommunizieren, ist das Teamgefühl verlorengegangen. Vor allem die neuen Kolleginnen werden nicht integriert. Mittlerweile haben sich kleine Gruppen gebildet, die nicht mit den anderen interagieren. Sarah ist mutig und spricht diese ungünstige Situation in einem Meeting an. Sie wirft folgende Fragen in die Runde: Wie können wir wieder ein Team werden? Welche Begegnungspunkte können wir innerhalb des Teams schaffen, damit wir uns auch in der Online-Welt besser kennenlernen?

> Trau dich, aktiv zu werden. Gute Ideen müssen nicht immer von der Führungskraft kommen.

Jobcrafting: Aufgaben verändern

Es ist nicht unbedingt ein Jobwechsel nötig, wenn man unzufrieden mit dem Status quo ist. Ein paar Optionen hast du ja bereits kennengelernt. Vielleicht hilft dir auch Jobcrafting. Dieser Begriff stammt aus der positiven Organisationspsychologie. Jobcrafting bedeutet, die Arbeit so zu verändern und umzugestalten, dass sie zu den jeweiligen Bedürfnissen, Stärken, Motivationen/Neigungen und Persönlichkeitstypen passt. Das geht in Unternehmen natürlich meist nicht in Eigenregie, sondern nur gemeinsam in einem Bereich, einer Abteilung oder im Team.

Veränderung innerhalb eines Bereiches

Es kann sein, dass sich nach vielen Jahren in der gleichen Position mit der gleichen Führungskraft und in der gleichen Team-Konstellation eine gewisse Routine einschleicht. Manche Menschen sind dann unterfordert. Dadurch sinkt die Motivation. Das heißt aber nicht unbedingt, gleich den Arbeitgeber zu wechseln. Vielleicht reicht es ja auch schon, sich innerhalb eines Bereichs zu verändern oder in eine andere Abteilung zu gehen.

BEISPIEL: ALLE SEITEN PROFITIEREN

Da er spürt, dass es Zeit ist für eine neue Herausforderung, hat sich Daniel dafür entschieden, vom Vertrieb in einen strategischen Bereich zu wechseln. Er kann seine jahrelangen Erfahrungen und seine Expertise aus dem direkten Kundenkontakt in den neuen Job einfließen lassen. Der Vorteil für alle ist, dass er aufgrund seiner Vita mehr Verständnis für andere Bereiche mitbringt und eine Situation aus unterschiedlichen Blickwinkeln betrachten und bewerten kann.

Veränderung innerhalb einer Branche

Vielleicht hat sich im Unternehmen die Kultur der Zusammenarbeit verändert und die eigenen Werte stimmen nicht mehr mit den Werten des Arbeitgebers überein. Dann bleibt oft nichts anderes als ein Wechsel in eine andere Organisation.

Etwas ganz Neues beginnen

Etwas ganz anderes zu beginnen, ist die radikalste und vielleicht auch die spannendste Art und Weise, sein Leben neu zu gestalten. Es gibt unzählige Möglichkeiten, dies zu tun, wie die folgenden Beispiele zeigen.

BEISPIEL: UMORIENTIERUNG

Sabine arbeitet seit vielen Jahren in einem Finanzdienstleistungsunternehmen. In dieser Zeit ist ihr immer deutlicher geworden, dass sie gegen ihre Werte und Bedürfnisse agiert, wenn sie Entscheidungen im Sinne ihres Arbeitgebers trifft. Absolute Unzufriedenheit und innere Widersprüche verhindern ein sinnerfülltes Arbeiten und kosten sie sehr viel Energie. Sie ist hin- und hergerissen zwischen ihrem Bedürfnis nach Sicherheit und ihrem Wunsch nach Integrität/Sinnhaftigkeit. Nach langen Überlegungen und vielen Gesprächen geht sie den mutigen Schritt, sich beruflich zu verändern. Sie nimmt die Situation zum Anlass, ihren Traumjob zu entwerfen und macht eine Weiterbildung zum Business-Coach. Sie bewirbt sich als interner Coach in einem Unternehmen, in dem sie ihre Werte und ihr Potenzial leben kann. Mit Erfolg. Heute unterstützt sie dort die Führungskräfte in ihrer Weiterentwicklung.

Jan war als Unternehmenssanierer jahrelang ein »Arbeitsplatz-Vernichter«, wie er selber seine Tätigkeit beschrieb. An einem Montagmorgen zog sein Körper ganz ohne Vorzeichen den Stecker. Er brach zusammen, obwohl er keine Vorerkrankungen hatte. Die Diagnose: Burn-out. In der langen Erholungsphase danach nahm er sich zum ersten Mal in seinem Leben die Zeit zum Innehalten und Nachdenken. Er stellte sich folgende Fragen: Wie will ich leben? Für welche Tätigkeit will ich meine Lebenszeit hergeben? Für Jan kristallisierte sich heraus, dass er etwas ganz anderes als bisher machen wollte. Er gründete eine Surfschule in Portugal. Das ist jetzt fünf Jahre her und er ist immer noch dort, glücklich und zufrieden.

Wie du dich selbst erkennst

Die Suche nach deiner Berufung ist wie die Suche nach einem Schatz, der tief verborgen in der Erde liegt. Erst wenn alle Schichten behutsam abgetragen sind und nichts und niemand dich ablenkt, erkennst du dein wahres Ich.

In diesem Kapitel erfährst du unter anderem,

- wie du herausfindest, was deinem Leben Sinn gibt und was du wirklich willst,

- warum es dafür Geduld braucht,

- welche Stolperfallen auf dem Weg zur Selbsterkenntnis lauern.

Der Weg zur Selbsterkenntnis

Sich selbst ungeschminkt gegenüberzutreten, sich der eigenen Widersprüchlichkeit zu stellen und gleichzeitig zu versuchen, sich auf den eigenen Kern zu fokussieren, um herauszufinden, was einen ausmacht und wichtig ist, ist eine gute Voraussetzung für den Prozess der Selbsterkenntnis.

Die Motosportfreunde unter euch kennen möglicherweise Naked Bikes. Als solche werden Motorräder bezeichnet, die auf jeglichen Schnickschnack verzichten. Genau darum geht es auch auf dem Weg zur Selbsterkenntnis: Sich auf das Wesentliche konzentrieren. Den Kern feiern, statt den schönen Schein zu huldigen.

> Sich selbst neugierig gegenüberzutreten und das, was man entdeckt, zu mögen, ist nicht einfach. Doch ähnlich den Sportathleten, die sich in mentaler Stärke üben, kann man sich in Selbstachtung üben. Auch das hilft bei der Suche nach Berufung.

Das Innehalten aushalten können

Wir leben in einer Welt, in der jeder Klospülstein mit sinnigen Weltverbesserungsformeln aufgeladen wird, karrieregeile Führungskräfte von Purpose Driven Organizations faseln, großmäulig den agilen Culture Change verkündend, um alte Rechnungen zu begleichen und unbequeme Gegenspieler loszuwerden. Wir leben in einer Welt, in der jeder jede ungefragt berät, be-influenct, heilt und nudgt und jede rebellische Regung in Lifestyleprodukte verwandelt. In einer Zeit, in der Biografien im Internet ununterbrochen hergestellt und dargestellt werden. In all diesem lauten Geschwätz wird es immer schwieriger, die eigene Bestimmung herauszufiltern. Es wird immer schwerer, aus all diesen lärmenden Angeboten einen eigenen Auftrag herauszuhören. Geschweige denn einen Lebensentwurf zu entwickeln, der einem als echt und erfüllend erscheint. Was tun?

Innehalten nach der Scharmer Methodik

Der deutsche Innovationsforscher Otto Scharmer, beeinflusst von seiner Tätigkeit als ökologischer Landwirt und beeindruckt von Kreativitätstechniken der darstellenden Kunst, bietet zwei sehr schöne und wirksame Methoden an, um sich der lärmenden Welt zu entziehen und mit sich selbst und seiner eigenen Zukunft in Kontakt zu kommen.

Die Landwirt-Methode

Mach es wie ein Landwirt, der hinausgeht ins Freie, den Acker begeht, um den Fruchtboden zu analysieren, dessen Beschaffenheit, Vorgeschichte, Bedürfnisse und Umgebung zu klären. Stell dir die damit verbundenen Fragen: Worauf kann ich bauen? Was kann ich mir zumuten? Was braucht es, damit es Früchte trägt? In welcher Beziehung möchte ich zu mir, zu meiner Arbeit, zu meiner Umwelt leben?

Die Künstler-Perspektive

Stell dir vor, du bist ein Künstler und hast eine leere Leinwand vor dir. Du hältst das Nicht-Wissen aus. Du hältst das Nicht-Handeln aus. Du hältst das Nicht-Herstellen aus, das Alleinsein, auch in der Gruppe. Du verstummst, wirst ruhig, wartest. Du nimmst eigene innere Antreiber, Kritiker wahr, lässt dich davon aber nicht ablenken. Du hast Vertrauen in den Prozess der Entstehung. Irgendwann taucht ein Bild auf. Ein Satz. Ein Gedanke. Die Idee. Meistens auf den ersten Blick abwegig, verrückt und doch eine Inspiration. Werte sie nicht. Folge dem Impuls. Visualisiere.

Stolperfallen auf dem Weg zur Selbsterkenntnis

Traumajob statt Traumjob. Entschädigung statt Belohnung. Knast statt Ehe. Überall lauern heimtückische Fallen auf dem Weg der Selbsterkenntnis: überraschende Wendungen, falsche Annahmen, Bad Trips und giftige Happen, die allerdings nicht sofort als giftig erkennbar sind, sondern eher wie köstliche Snacks in der Vitrine des Lebens auf ihre Opfer warten. Verlockend unschuldig und leicht zugänglich wie Süßigkeiten an der Supermarktkasse. Einige dieser Fallstricke, die dich von deinem Vorhaben abbringen können, stellen wir dir hier vor. Wer sie kennt, kann sie leichter vermeiden.

Die Realisten-Falle, oder: Alles eine Frage der inneren Einstellung

Lust auf ein Experiment? Dann lies dir den folgenden Text aufmerksam durch.

Aus dem Vermächtnis eines Realisten

Ich überlasse die Verantwortung für mein Leben meinen Eltern und meinen Lehrern. Sie sind schließlich daran schuld, wenn ich versage. Ich delegiere meine Lebensplanung an meine Chefin, meinen Partner, meine Kinder und an die Rentenversicherung. Das Leben ist kein Honigschlecken. Man muss immer wieder in den sauren Apfel beißen, hässliche Kröten schlucken, faule Kompromisse schließen. Man muss seine Grenzen kennen. Darf sich nicht zu sehr hinauslehnen. Man muss zweimal überlegen, was man sagt. Man soll aus den Fehlern der anderen lernen. Man soll dankbar sein, dass es einem nicht schlechter geht als gestern. Man soll mit weniger zufrieden sein. Ein gebrauchter »Japaner« ist auch ein Auto. Weniger ist halt mehr. Wer kein Risiko eingeht, wird auch nicht enttäuscht. Man soll das Träumen den Kindern und Idioten überlassen. Man soll auf dem Boden der Tatsachen bleiben. Den Ball flach halten. Man soll sich schinden für sein Glück. Arbeitsfähigkeit ist Glücksfähigkeit. Man soll nicht den Helden spielen. Man soll die Klappe halten. Sich auf die Zunge beißen. Sich lieber hinter einer Maske verstecken. Immer schön höflich bleiben. Fremden nicht trauen. Sich selbst misstrauen. Eigene Gefühle im Zaum halten. Sich beherrschen. Sich in Impulskontrolle üben. Man soll den Tag nicht vor dem Sonnenuntergang loben. Man soll sich selbst treu bleiben. Die anderen sollen sich ändern. Man soll nicht zu hoch hinauswollen. Sich die Finger nicht verbrennen. Nicht ins Fettnäpfchen treten. Vorsicht ist die Mutter aller Porzellankisten. Ab und an soll man sich als Belohnung einen Käsekuchen genehmigen oder auch etwas Ausgefallenes wie einen Tangokurs.

- Welche Stimmung hat sich bei dir während der Lektüre eingestellt?
- Welche Handlungsimpulse erzeugen die Aussagen in dir?
- Was würdest du dem Realisten empfehlen?

Du hast beim Lesen ganz bestimmt bemerkt, wie der beschriebene Realist auf sich selber und auf die Welt schaut:

- sich selber begrenzend und abwertend,
- sich nichts zutrauend und sich nicht vertrauend,
- passiv und nichts gestaltend.

Er sitzt in der Falle, denn er scheint nichts tun zu können, um sich selbst aus seiner üblen Situation zu befreien.

So umgehst du die Falle
Du kannst bei der Suche nach Berufung die hilfreiche Perspektive eines kreativen Gärtners einnehmen oder die hinderliche Perspektive des bewahrenden Realisten und Change-Verhinderers. Du kannst deine innere Haltung ganz bewusst wählen.

Die Bandaffen-Falle: schlechte, stupide Routinen killen jede Kreativität

Es gibt notwendige, aber nicht unbedingt angenehme Routinen, wie z.B. die Mundhygiene. Es gibt schöne, aber nicht notwendige Routinen wie ein Glas Montepulciano am Abend. Und es gibt schöne, aber nicht jederzeit mögliche Routinen wie das morgendliche Schwimmen im Atlantik oder Yoga im Central Park.

In den großen Autofabriken haben sie ein widerliches Schimpfwort für Menschen, die in stupiden Routinen an den Montagelinien arbeiten: Bandaffen. Gefangen in einem Herstellungsprozess. Doch wir kennen das alle: krank und dumm machende Routinen, wie z.B. der immer wiederkehrende Wunsch, der brillanteste zu sein, oder die zwanghafte Gewohnheit, es immer allen recht machen zu wollen. Oder immer ja zu sagen, wenn eigentlich Widerstand erwünscht ist.

So umgehst du die Falle
Sei achtsam. Nimm das Tempo raus. Bleib an einem Morgen einfach mal im Bett liegen. Geh offline. Überlege, wozu du eigentlich aufstehen solltest. Bleib vielleicht auch mal lange für eine verrückte Idee liegen wie damals John Lennon und Yoko Ono. Entscheidest du dich fürs Aufstehen, dann überlege: Welche krank und blöd machende Routine könntest du heute unterbrechen? Wozu und in welcher Situation kannst du heute bewusst Nein sagen?

Der Ernst des Lebens, oder: die Traditionsfalle

Es gibt Berufsdynastien. Unternehmer, Juristinnen, Mediziner, Bankdirektorinnen und Sportler geben ihre Erfolgs- und Verantwortungs-DNA gerne an ihre Sprösslinge weiter. Der Nachwuchs hat dabei eine ganz klare Aufgabe: die Tradition zu pflegen, in die Fußstapfen der Ahnen zu treten. Was für ein Sicherheitsnetz einerseits und was für eine Last andererseits! Einschüchternd und erdrückend. Eine Tradition, die Gefühle, Hobbys und Partnerwahl empfiehlt und zur Not auch verbietet. Oft überfürsorglich und autoritär. Die nach außen stark um Imagewahrung bemüht ist und Veränderung fürchtet. Eine Tradition, die Talente verkümmern lässt. Irgendein kluger Kopf und gleichzeitig Opfer einer schweren Erbschaft hat mal gesagt, man soll sich nicht darum bemühen, den eigenen Vater übertreffen zu wollen. Sieh dir also deine Ahnengalerie an und überlege, wessen Pfaden du folgst. Vielleicht gab es in der Familie schon vor dir jemanden, der versucht hat, seinen eigenen Weg zu gehen? Eine Tante, ein Cousin, ein schwarzes Schaf, eine dumme Gans, ein exzentrischer Spinner. Folge ihm oder ihr oder gründe eine neue Dynastie.

So umgehst du die Falle

Frag dich und überlege genau:

- Wessen Plan oder unerfüllten Traum hast du zu verwirklichen? Ist es deiner oder sind es die von anderen?

- Sind das deine Ziele, die du verfolgst?

- Möchtest du etwas ändern?

Gefühle unterdrücken und wegsperren

Es gibt so einige Probleme mit Gefühlen. Entweder gibt es zu viele oder zu wenige davon. Sie sind entweder zu tief oder zu seicht. Entweder der Situation, dem Alter, dem Beruf entsprechend angemessen oder auch unangemessen. Sie sind wie ungebetene, aufdringliche Gäste. Schmeißt du sie zur Tür raus, kommen sie wieder zum Fenster rein. Lässt du dich auf sie ein, übernehmen sie die Macht. Machen dich lebensunfähig. Leistungsunfähig. Freude führt zu Verlust des Realitätssinns. Trauer macht dich schwach und einsam. Angst essen Seele auf.

So umgehst du die Falle

Sollte man die Sache mit der Gefühlskontrolle immer den Profis überlassen? Den Seelenklempnern oder Marketingfuzzis? Nein, auf keinen Fall! Du musst deinen Gefühlsladen nicht in den Griff bekommen. Verurteile, missachte deine Gefühle nicht. Sperr sie nicht ein. Führe keinen Krieg dagegen. Warte nicht, bis dein Körper rebelliert.

Gefühle sind wichtig auf dem Weg zur Selbsterkenntnis. Deshalb mach etwas anderes, als sie zu unterdrücken und wegzusperren: Werde zu einem Gefühlsastronomen. Du kannst deine Gefühle beobachten wie Galileo Galilei den nächtlichen Himmel. Manchmal gleich, wenn sie da sind, manchmal hinterher, wenn sie vergehen. Mit Neugier und Respekt. Dabei helfen dir die folgenden Fragen:

- Welche deiner Gefühle kennst du gut, welche weniger gut?

- Wie fühlen sie sich körperlich an?

- Welche Gefühle hast du lange nicht mehr gefühlt?

Schlechtes Kopfkino, oder: Versagensängste

Es ist nicht leicht, Versagensängste zu besiegen. Sie arbeiten gerne mit Schreckensszenarien. Bieten dir Horrorfilme an, Splattermovies ohne Happy End. Sie lassen dein Blut in den Adern gefrieren. Paralysieren den kreativen Geist, weil sie das Denken lähmen und dich gefangen nehmen.

So umgehst du die Falle

Was du tun kannst? Stoppe die Vorführung. Mach das Licht an, atme tief aus, entspanne deinen Körper und schau dir diesen Film aus der Perspektive eines erfahrenen Filmkritikers an. Du wirst feststellen: Es ist ein billiges Machwerk. Eine verstaubte Geisterbahn. Ein alter Schinken, der sich bei genauem Betrachten als eine Status-quo-Propaganda entpuppt. Es ist nicht leicht, Versagensängste zu besiegen, wenn dein Hirn ein Nachrichtenticker ist, der mit »Bad News« gefüttert wird. Aber vielleicht gibt es ein anderes Kopfkino. Wie die Erinnerung an jemanden, der schon mehr in dir gesehen hat als du selbst. An jemanden, der dich ermutigt hat, dich von deinem falschen, verängstigten Eigenbild zu lösen. Ein Mentor. Eine Freundin. Ein Geliebter. Ein Mensch, der tief in dir drin eine Seite erkannt hat, die keine Angst hatte loszulegen. Freu dich darüber. Das Gegenteil von Angst ist nicht Mut. Es ist die Lust, einen neuen Film zu drehen.

Frag dich:

- Welcher Film in deinem Kopf hindert dich daran, Veränderungen anzugehen?
- Welches Kopfkino würdest du gerne sehen?

Ich mache mir die Welt, wie sie mir gefällt ...

Wir sind geborene Storyteller. Wir sind eingebettet, geborgen, gefangen in unseren Geschichten. Wir erzählen uns und den anderen, wie und warum wir so geworden sind, wie wir sind. Wir idealisieren, verklären, berichtigen. Wir bauen uns aus Storys eine Welt, die uns stimmig erscheint, die es uns möglich macht, uns selbst zu mögen.

Dass wir anderen hin und wieder etwas vormachen, ist einigermaßen verständlich als Schutzmaßnahme oder Imagepflege – gewissermaßen, um das eigene Schaufenster attraktiv zu halten. Wenn wir uns mit unseren Storys selbst jedoch etwas vormachen, kann es passieren, dass wir uns in die eigenen Erzählungen vergucken und am Ende selbst daran glauben. Dann laufen wir Gefahr, unser echtes Selbst wie ein leckendes Schiff notdürftig mit Selbsttäuschungen zu reparieren – oder noch schlimmer: unser Selbst an populistische Narrative abzugeben, die einfache Scheinlösungen anbieten.

So umgehst du die Falle

Blicke hinter die Kulissen deiner Selbsterzählungen. Übe dich in der schwierigsten aller Ehrlichkeiten, der Ehrlichkeit dir selbst gegenüber. Hilfreich sind hier folgende Fragen:

- Welche Selbsterzählungen lenken dich vom Wesentlichen ab?

- Welche Storys erzählen von deinem authentischen Ich?

Die Entweder-oder-Falle

Manche bemühen die Maslowsche Pyramide der menschlichen Bedürfnisse – die übrigens nie von Maslow erstellt worden ist –, wenn sie behaupten, dass erst die materiellen Grundbedürfnisse befriedigt sein müssen, bevor wir uns den schönen Dingen des Lebens widmen können, wie z. B. der Sinngebung, Kunst, Spiritualität. Bullshit! Es gibt genügend Lebensentwürfe, die genau das Gegenteil beweisen oder die Vorzeigebeispiele für die gelungene Koexistenz der unterschiedlichen Bedürfnisse sind. Wir wissen heute auch aus der psychotherapeutischen Paarforschung, dass eine gelungene Paarbeziehung auf einem gut ausbalancierten Zusammenspiel zwischen dem Bedürfnis nach Nähe und dem Bedürfnis nach Autonomie basiert.

So umgehst du die Falle

Überlass jegliche Entweder-oder-Dramatisierung lieber politischen Rattenfängern und den Talkmastern von Krawallsendungen. Wir können uns in der Toleranz uns und unserem Leben gegenüber üben. Uns selbst und andere nicht zu schnell in eine Freund-Feind-Sackgasse hineinmanövrieren. Sich so lange wie möglich mit dramatischen Eskalationen zurückzuhalten, bedeutet, eigene Vorurteile zu überprüfen, weniger Feinde zu fabrizieren, weniger Dramen. Es gilt High Noons und Showdowns zu vermeiden. Das Leben ist weder Wrestlingshow noch Seifenoper. Frag dich:

- Welche Widersprüche bewältigst du in deinem Leben?

- Welche Spannungen zwischen unterschiedlichen Werten kannst du bewältigen? Wie gelingt dir das?
- Für welche Kompromisse achtest du dich?

Die »Never can say Goodbye«-Falle

BEISPIEL: DER PLAN

Ein junges Paar lernt sich kennen. Sie lieben sich. Wollen zusammenbleiben. Sie machen einen Plan: Heirat – Ausbildung – gutbezahlter Job – Hausbau – Kinder. Also heiraten sie, verdienen in guten Jobs gutes Geld. Sie gehen beruflich durch die Decke. Gründen ein Unternehmen. Bauen ein wunderschönes Haus. Die Küche: ein Traum. Der Hobbykeller: vom Feinsten. Der Garten: Wow! Das Kinderzimmer: ein Paradies. Nur das Kind lässt auf sich warten. Jahrelang. Das hat Auswirkungen auf die Inneneinrichtung des Kinderzimmers, auf die Ehe, auf das Unternehmen. Das Kind hält sich nicht an den Plan. Gewünscht hätte man sich den kleinen Engel sehr und machbar wäre es mit einiger Mühe auch. Die Reproduktionsmedizin bietet schließlich Lösungen an. Nun, was tun? Er liebt sie. Sie liebt das Wunschkind. Beide lieben den Plan.

Eine der schmerzlichsten Erfahrungen im Leben ist es, Abschied von der Zukunft zu nehmen. Pläne, Vorstellungen vom Glück loszulassen. Illusionen zu Grabe zu tragen. Ohne Zynismus und Verbitterung. Zu altern. Aufzugeben. Zu trauern. Ein deutscher Stand-up-Komiker sagte einmal: »Die Hoffnung stirbt zuletzt, aber sie stirbt.« Welch düsterer und gleichzeitig weiser Satz!

Abschiede gehören zum Leben dazu, auch die von Plänen, die sich nicht oder nur zu einem hohen Preis realisieren lassen. Frage dich:

- Was hast du aus deinen Abschieden gelernt?
- Was hast du gewonnen, als du losgelassen hast?

Die Tücke mit der Sucht nach Ruhm

BEISPIEL: FAME! I`M GONNA LIVE FOREVER ...

Ein Mann geht auf den Friedhof. Er sucht nach einem geeigneten Platz für seine Grabstätte. Er wollte mal eine Berühmtheit werden. Daraus ist aber nichts geworden. Nun, da er viel Geld hat, möchte er wenigstens neben einem prominenten Menschen liegen. Doch die Friedhofsverwaltung präsentiert ihm nur Gräber neben C- und D-Promis, von denen er noch nicht einmal gehört hat. Was für eine Kränkung! Möglicherweise hat er einen falschen Friedhof ausgewählt. Vielleicht hat er aber auch einen falschen Lebensentwurf?

Ruhmsucht ist eine Sucht und nichts kann sie stillen. Etwas Bedeutendes in den Augen der anderen sein und jeden Morgen von Fans mit Standing Ovations geweckt werden zu wollen, ist ein krankmachender Bad Trip. Übersehen, überhört, übergangen zu werden, kann verletzend sein. Die Welt ist voll von vernachlässigten Kindern. Doch die Welt ist ebenfalls voll von verwöhnten Bengeln, die jeden geistigen Furz feiern, als hätten sie gerade alle mathematischen Millennium-Probleme gelöst und nebenbei die Sixtinische Kapelle neugepinselt. Bei ausbleibendem Beifall gibt es Rückzug oder je nach Machtposition und Umfeld mehr oder weniger subtile Formen der Vergeltung. Da hilft nur eines: ein guter Freund und knallhartes Feedback. Das setzt allerdings die Bereitschaft voraus, dass man sich auf eine Freundschaft einlässt und dabei nicht zu wählerisch wird. Frag dich:

- Möchtest du irgendjemandem da draußen ständig beweisen, wie wertvoll du bist? Befindest du dich in einem andauernden Wettbewerb?

- Was geschieht, wenn du scheiterst? Wen enttäuschst du dann wirklich?

Die Aktivitäts-Falle

Der Karren muss aus dem Dreck, die Kuh vom Eis. Ärmel hoch, raus aus den Puschen, zu Potte kommen! Ein vielbeschäftigter, sich anstrengender Mensch hört von überall her Aufforderungen zum Handeln. Es muss etwas geschehen oder wenigstens danach aussehen, dass etwas unternommen wird. Geschäftigkeit und Mühen sind doch schließlich die Garanten des Erfolgs. Leichtigkeit und Freude sind faule Verwandte.

Aus dem Tatendrang wird leider oft blinder Aktionismus. Die berühmte Flucht nach vorne. Die wütende Geschäftigkeit beleidigt andere Formen der Arbeit und buhlt nach Anerkennung, unabhängig von der Sinnhaftigkeit des Ziels. Sie feiert die Ungeduld, predigt Gehorsam und bremst Kreativität aus. Am Ende kommt oft die bittere Abrechnung. Man hat sich den Allerwertesten aufgerissen, ohne dafür Dank zu ernten. Für nichts und wieder nichts geackert wie blöde. Die heroische Anstrengung erstickt ein wesentliches Element der persönlichen Reife: die Entdeckungsfreude. Sie lässt kaum Pausen zu. Freizeit muss mit Freizeitaktivitäten erfüllt werden. Pausen sind eine Bedrohung, denn in Zeiten, in denen die Seele baumeln darf, könnte etwas passieren, das für ein armes heroisches Schwein eine Sinnkrise auslöst. Die durch Aktivitäten zum Schweigen gebrachte Seele könnte sich auf einmal melden und ungefragt fragen: Wozu der ganze Schweiß und Scheiß?

Frag dich:

- Wann hast du das letzte Mal etwas *nicht* geleistet? Wann bist du das letzte Mal nicht mit irgendjemandem in Wettbewerb getreten?
- Wann hast du einfach mal gar nichts getan und die Seele baumeln lassen?

Lebst du das Leben von anderen?

Erfülle ich nur fremde Erwartungen? Lebe ich womöglich das Leben einer anderen Person? Oder lebe ich einen Rollenmythos, den ich übernommen habe, und folge den Motiven dieses unbewussten Drehbuchs? Erkenne ich meine hinderlichen Narrative?

Wir haben dir hier eine Auswahl an Drehbüchern zusammengestellt. Vielleicht hast du ja eines davon für dich übernommen?

Du wirst sehen, dass wir nach Männer- und Frauenrollen unterscheiden. Das hat auch einen Grund: Männer und Frauen übernehmen im Laufe ihres Lebens schon sehr früh bestimmte Geschlechterrollen. Das ist eigentlich nichts Dramatisches, solange man sich selbst oder andere damit nicht beschädigt oder schadet. Doch viele dieser tiefverwurzelten Rollen-Mythen sind situative Automatismen, deren »Abspulen« uns in falscher Sicherheit wiegt und an der persönlichen Reifung hindert.

Best-of der Rollenmythen und Drehbücher von Frauen

Fleißiges Bienchen

Ich sitze immer mit Block und Stift in der Hand da, bin bereit Notizen zu machen. Ich höre interessiert zu, den Kopf leicht zur Seite geneigt, aufmerksam und korrekt. Natürlich erledige ich meine Aufgaben absolut zuverlässig; immer besser, als es nötig wäre. Wenn niemand anderes eine unwichtige Aufgabe übernehmen möchte, dann melde ich mich. Und das Protokoll schreibe ich auch für alle, auch wenn es eigentlich nicht meine Aufgabe wäre, ganz nach dem Motto: »Irgendeiner muss es ja machen.« Mein Image: immer nett und immer harmlos.

Dornröschen

Ich bleibe erst mal passiv und möchte zu allem und jedem gefragt werden. Niemals würde ich den ersten Schritt wagen. Das wäre ja etwas aufdringlich und unhöflich. Die anderen sollen mir meine Wünsche von den Lippen ablesen und sie erfüllen, bevor ich was gesagt habe. Dass ich mich weiterentwickeln möchte, erzähle ich nicht. Meine Chefin soll das selbst erkennen. Und was für mich generell gut ist, natürlich auch. Mein Image: Ich will entdeckt und wachgeküsst werden.

Mama Harmony

Es ist so wichtig, dass gute Stimmung herrscht und dass wir uns alle verstehen! Sobald Spannungen auftreten, gehe ich dazwischen und glätte die Wogen. Wir haben uns doch schlussendlich alle gerne. Deswegen erfülle ich auch jeden Wunsch. Ich freue mich, wenn es den anderen gut geht. Natürlich gebe ich allen Tipps, wie sie ein Problem lösen können. Auch ungefragt. Mein Motto: Piep, piep, piep, wir haben uns alle lieb! Mein Image: die Aufopferungsvolle.

Lady Punk

Ich wittere überall Ungerechtigkeit gegen Minderheiten. Im ersten Moment bin ich immer gegen etwas. Auch Menschen gegenüber bin ich misstrauisch. Das ist seit meiner Pubertät so. Ich habe schon früh gelernt, mich zu wehren und durchzusetzen. Einfach zunächst immer Nein sagen und dann erst zuhören, worum es eigentlich geht. Mein Motto: Ich bin dagegen! Mein Image: die Spielverderberin.

Schneewittchens Stiefmutter

Ich investiere viel Zeit in die Optimierung meines Äußeren. Kleider machen schließlich Leute. Und ja, ich setze auch meine Reize ein, um das zu bekommen, was ich will. Das funktioniert prächtig. Jede Art von Konkurrenz schalte ich aus. Mein Motto: Es kann nur eine geben, die gewinnt. Mein Image: Wer ist die Schönste im ganzen Land?

Black Widow

Ich muss mich täglich durchsetzen und besser sein als all meine männlichen Kollegen. Meine Verletzlichkeit und meine weibliche Seite halte ich seit langer Zeit versteckt. Beide haben im Job nichts zu suchen. Wenn ich nicht so drauf wäre, hätte ich beruflich keine Chance gehabt. So werde ich respektiert und greife bei Bedarf hart durch. Mein Image: Die ist härter als jeder Mann bei uns.

Mary Poppins

Was kann ich koordinieren? Ich liebe es zu unterstützen. In meinen Projekten halte ich die Fäden im Hintergrund zusammen, verwalte ein Riesenbudget und behalte immer die Ruhe. Ich setze gerne auch mal eine Runde aus und muss nicht die erste Geige spielen. Ich halte alles zusammen und fühle mich für alles verantwortlich. Im Stillen. Image: Die ist für alle da.

Drama Queen

Oh nein! Jetzt hat schon wieder jemand angerufen und mir von seiner Trennung erzählt. So schrecklich! Und überhaupt, auf der ganzen Welt passieren so schlimme Sachen. Und meine Chefin will mit mir sprechen. Sicher wird sie sich beschweren, weil ich gestern eine Aufgabe nicht mehr geschafft habe. Wahrscheinlich wird sie mir jetzt kündigen. Mein Motto: Drama, Baby! Je schlimmer, desto besser. Mein Image: Himmelhoch jauchzend – zu Tode betrübt. Dazwischen gibt es nichts.

Best-of der Rollenmythen und Drehbücher von Männern

Auch für Jungs ist das Leben eine große Bühne. Nicht immer jedoch stammen die Drehbücher von den besten Autoren und nicht immer sind sie aktuell.

Iron Man

Jeden Tag kämpfe ich hart für den Sieg. Egal ob im Job oder privat. »Lieber tot als Zweiter!«, ist mein Lebensmotto. Natürlich trainiere ich täglich und klar laufe ich Marathon. Ich besitze als 40-Jähriger den Körper eines 17-Jährigen. Darauf bin ich mächtig stolz. Ich brauche von niemandem Unterstützung und mache alles mit mir selber aus. Mein Image: Mr. 1000 Volt ohne Herz

Fels in der Brandung

Meine Ruhe, Gemütlichkeit und Gelassenheit werden von anderen sehr geschätzt. Mich bringt nichts aus dem Gleichgewicht. Im größten Stress behalte ich den Überblick und weiß immer, was für die anderen gut ist. Wenn ich Menschen um mich herum habe und sie beschützen kann, dann geht es mir gut. Mein Motto: Immer ein nettes Wort auf den Lippen und alles läuft wunderbar. Mein Image: der allwissende Vater.

Junkie

Meine Sehnsucht, dass die Welt ein besserer Ort wird, ist unerfüllbar. Das macht mich manchmal traurig. Um mich von meiner Traurigkeit abzulenken, arbeite ich exzessiv und oft bis tief in die Nacht hinein. Jeden Tag brauche ich neue Impulse und bin schnell gelangweilt. Wenn ich etwas anpacke, dann zu 150 Prozent. Ganz oder gar nicht, ist meine Devise. Mein Image: der Draufgänger.

Scherzkeks

»Und, alles geschmeidig?« Für mich ist gute Laune das Wichtigste. Egal wo ich bin, möchte ich mein Umfeld erheitern. Das Leben ist viel zu kurz, um traurig zu sein. Ich nehme mich und die anderen nicht so ernst. Alles ist ein großes Spiel, das vor allem Spaß machen soll. Mein Image: der Pausenclown.

Gollum

Egal was ich anfasse, es misslingt. Bei mir ist eh das Kind schon längst in den Brunnen gefallen. Ich habe nun mal keine reichen Eltern, die mir alles in den Allerwertesten gesteckt haben. Musste mir alles erkämpfen. Das Leben ist kein Zuckerschlecken, deswegen nehme ich mir auch mal mehr, als mir zusteht. Ausgleichende Gerechtigkeit nenne ich das. Ist eh egal. Mein Image: der Loser.

Der Rationalisierer

Für mich ist alles klar und einfach. Du musst nur dein Gehirn einschalten, dann liegt die Lösung direkt vor dir. Ich weiß, wie es geht. Ich kann Gefühle und Verstand voneinander trennen. Hast du ein Problem? Es ist ganz einfach. Du musst nur kurz nachdenken und dann die Methode XYZ einsetzen – und schon hast du die Lösung. Es kann alles auf der sachlichen Ebene bewiesen und erklärt werden – und wenn nicht, ist es nicht relevant. Mein Image: der Welterklärer.

Faultier

Ich mag gerne meine Ruhe haben und bin froh, wenn für mich gesorgt wird. Ich mag nicht kritisiert werden. Das finde ich nicht fair. Schließlich tue ich keiner Fliege was zuleide. Stress ist für mich unnötig. Ich freue mich, wenn meine Partnerin Verantwortung übernimmt und sich die Finger schmutzig macht. Ich mag lieber mein Sofa zum Entspannen. Mein Image: friedlich und behäbig.

Reflexion für Frauen und Männer
• Hast du dich in einer dieser Rollen erkannt? Findest du dich in einem Drehbuch wieder oder spielst du sogar in zwei Filmen gleichzeitig mit?
• Was war bisher das Positive an dieser Rolle, an diesem Film? In welchen Bereichen waren sie bisher unterstützend?
• Wo könnten die Gefahren lauern in Bezug auf Berufung? Welche Verhaltensweisen begrenzen dich?
• Was möchtest du ab morgen verändern? Such dir etwas aus, das du sofort umsetzen kannst.
• Wenn du magst, kannst du deinen eigenen Zukunftsfilm schreiben: Wer bist du dann? Wo bist du? Wer wird bei dir sein? Wie verhältst du dich? Was ist dein Image?

Verborgene Schätze finden

Lust auf eine spannende Schatzsuche? In diesem Kapitel laden wir dich dazu ein, dich und all die Potenziale, die in dir schlummern, besser kennenzulernen. Du erfährst unter anderem,

- wie du deine Stärken erforschst,
- wie aufschlussreich deine Werte und deine Persönlichkeit dabei sein können,
- warum 12 Fragen dein Leben verändern.

Die verschiedenen Elemente von Berufung

Der weltberühmte dänische Philosoph, Melancholiker und Vorreiter der Pariser Existenzialisten Søren Kierkegaard ermutigte sich selbst in schwierigen Momenten immer wieder mit dem folgenden Bonmot: »Man kann das Leben nur vorwärts leben und rückwärts verstehen.« Wie recht er hatte!

Eine persönliche Inventur ist erst möglich, wenn wir auf unser Leben zurückschauen, die unterschiedlichsten Mosaiksteine erkennen und zu einem Bild zusammensetzen. Es sind einzelne Situationen und Wendepunkte in unserer Vergangenheit, die den roten Faden unserer Fähigkeiten, Talente und Werte spinnen und sichtbar machen.

Du kommst deiner Berufung näher, wenn du die folgenden Elemente erforschst. Nur so kannst du die verborgenen Schätze an Fähigkeiten, Talenten und Werten heben, die in dir schlummern.

Elemente der Berufung	
Sinngebung	Was ist mein tiefstes Warum? Wofür brenne ich? Wieso bin ich da auf dieser Welt? Wofür stehe ich jeden Morgen auf? Wenn ich das weiß, dann kann ich auch schwierige Situationen besser meistern und einen langen Atem entwickeln.
Stärken & Fähigkeiten	Was sind meine Stärken, Fähigkeiten und Ressourcen? Was sind meine erlernten Kompetenzen und Gaben? So naheliegend und doch so fern ...

Elemente der Berufung	
Eigene Werte	Was ist mir wirklich wichtig? Auf welche Art und Weise möchte ich leben und arbeiten? Was sind meine Leitplanken für die innere Orientierung? In welchen Situationen verletze ich meine Werte? Wenn wir anfangen, uns diese Fragen zu stellen, dann beginnen wir, unser Leben zu gestalten.
Lebensskripte & Identität	Erfülle ich nur fremde Erwartungen? Lebe ich womöglich das Leben einer anderen Person? Oder lebe ich einen Rollenmythos, den ich übernommen habe, und folge den Motiven dieses unbewussten Drehbuchs?
Mindset	Mit welchem Wahrnehmungsfilter gehe ich durch die Welt? Welche Bedeutung gebe ich den Ereignissen in meinem Leben? Welche innere Haltung könnte hinderlich sein auf der Suche nach Berufung? Und welche mentalen Modelle sind stärkend?
Das Umfeld	Mit welchen Menschen umgebe ich mich? In welchem Umfeld befinde ich mich? Welche Seiten in mir werden aktiviert in den jeweiligen Umgebungen? An welchem Ort lebe und arbeite ich? In welcher (Unternehmens-)Kultur arbeite ich oder will ich arbeiten? Was kann ich alles beeinflussen und verändern?

Lass dich von dir selbst überraschen

Persönliche Transformation ist ein kreativer Prozess. Sie bedeutet Auseinandersetzung mit dem Neuen und Unbekannten. Hilfreich dabei ist es, wenn du Impulse für frische Ideen bekommst und sie auch wahrnimmst, deinen Gestaltungswillen wachkitzelst und neugierig und mutig bist.

Die Prinzipien aus dem Improvisationstheater unterstützen dich, eine kreative Haltung einzunehmen und neue Herausforderungen aus unterschiedlichen Blickwinkeln zu betrachten. Improvisationstheater baut auf Spontaneität. Die Teilnehmenden betreten die Bühne, ohne zu wissen, was passieren wird. Doch ähnlich der Selbstorganisation und Co-Creation basiert das Agieren aus dem Stegreif auf klaren Regeln.

Die Grundprinzipien des Improvisationstheaters

- Nimm Angebote an, statt sie zu abzublocken. Wähle deswegen eine »Ja genau, und«-Haltung statt einer »Ja, aber«-Haltung.
- Versuche nicht perfekt zu sein. Mache Fehler, ohne dich dabei abzuwerten.
- Versuche nicht, originell oder fantasievoll zu sein. Jede Anstrengung in diese Richtung zerstört deine Inspiration.
- Schäme dich deiner Fantasie nicht. Du bist niemandem Rechenschaft darüber schuldig.
- Sei präsent, offen und neugierig.
- Sei mutig und triff Entscheidungen.

Angebote annehmen

Im Improvisationstheater ist es wichtig, im Augenblick zu sein. Ich kann als Impro-Spieler nichts vorplanen, mir keine Geschichte bauen. Denn ich spiele nicht alleine und möchte für alle Angebote von anderen offenbleiben. Es gibt keinen Ideenwettbewerb. Die Spieler folgen jeweils den Angeboten der anderen und erzählen so gemeinsam eine Story.

Die Geschichte geht weiter, von Satz zu Satz. Keiner der Spieler weiß, wohin sie sich entwickelt. Sie lassen sich gegenseitig überraschen. Sie denken nicht darüber nach, ob die Geschichte witzig oder langweilig ist, sondern lassen sich von der Kraft der Geschichte lenken.

Impulse wahrnehmen und nicht originell sein wollen

Beim Improvisieren lernt man, auf seine inneren Impulse zu hören, sie bewusst wahrzunehmen und sie umzusetzen, ohne sie zu werten. Oft hat ein Spieler Impulse und gleichzeitig meldet sich der innere Kritiker: »Das ist doch albern und blöd!« Doch genau diese vermeintlich albernen Ideen sind es, die von den Mietspielenden als wichtige Impulse aufgenommen werden.

Der größte Feind eines Spielenden ist Selbstzensur. Er hat Angst vor Blamage, Angst, irgendetwas Dummes oder Beschämendes von sich preiszugeben: »Ich muss erst genau überlegen, was ich sage, denn ich möchte perfekt sein ...« In diesen paar Sekunden des Nachdenkens verpasst er jedoch das Angebot seines Spielpartners. Statt seine eigene Fantasie zuzulassen und seinen wahren Impuls zu hören und ihm zu folgen, erstarrt er noch mehr.

Ein Improvisationsspieler ist kreativ und fantasievoll, wenn er das Nächstliegende aufgreift, statt krampfhaft nach irgendeiner originellen Idee zu suchen. Je cleverer und geistreicher ich sein möchte, desto konstruierter wird das Spiel und somit langweilig.

Damit ein Spieler seinen inneren Impulsen folgen kann, braucht er Vertrauen. Vertrauen, nicht ausgelacht zu werden. Vertrauen, akzeptiert zu sein, ohne etwas beweisen zu müssen. Vertrauen, im Team aufgefangen zu werden, wenn eine Blockade da ist. Je mehr Vertrauen da ist, desto mehr regiert die Fantasie.

Scheitern eingestehen, statt Selbsttäuschungen zu pflegen

Im Improvisationstheater ist es wichtig, lustvoll zu scheitern. Es ist wichtig aufzugeben und den nächsten Spieler auf die Bühne gehen zu lassen. Wenn ich dagegen verbittert dastehe und Self Bashing betreibe, bin ich damit beschäftigt, an mir zu zweifeln, statt der Geschichte zu dienen.

Wenn eine Story langweilig war, dann mache ich mir nichts vor, sondern verlasse die Bühne mit dem Gedanken: »Ich bin gerade grandios gescheitert, und ich freue mich auf die nächste Session!«

Auf der Bühne kreativ sein, heißt mutig sein

Manchen Spielern fällt es schwer, auf der Bühne konkrete Situationen, Beziehungen oder Figuren zu etablieren. Wenn ich konkret spiele, muss ich mich entscheiden: Wie heiße ich? Wo bin ich? Was will ich? Das Spiel ist spannend, wenn ich Frau Wagner und Herrn Huber sehe, wie sie sich im Garten über den neuerbauten Gartenzaun unterhalten, ein Loch entdeckt haben und sich gegenseitig beschuldigen. Langweilig wäre das Spiel, wenn ich eine Frau und einen Mann auf der Bühne sehe, die sich streiten. Ich würde mich sofort Dinge fragen wie: Wer sind die beiden, ein Ehepaar oder Geschwister? Wo sind sie? Was wollen sie voneinander? Kreativ sein heißt Mut haben, Entscheidungen zu treffen.

Übung: Die Zukunft anwärmen mit Improvisation

Lade ein paar Leute aus deinem Umfeld ein und erkläre ihnen die Prinzipien des Improvisationstheaters. Stell dir vor, du würdest deinen perfekten Tag simulieren und die Menschen um dich herum wären Teil deines perfekten Lebens. Instruiere sie, wer sie sind und was sie sagen. Gehe dann die verschiedenen Situationen deines perfekten Tages durch und erlebe so deine Zukunft. Falls eine Situation anders ist, als du sie dir vorgestellt hast, verändere sie und probiere aus. Stell dir vor, du bist in einer Werkstatt und gestaltest. Reflektiere immer wieder, wie es dir in den Situationen ergangen ist.

> Du kannst dir einige Anregungen für das Improvisationstheater in entsprechenden Tutorials auf YouTube holen. Oder du besuchst einen Impro-Theater-Kurs. Oder du rufst uns an. Wir helfen dir gerne!

Auf Spurensuche mit fünf Persönlichkeitstypen

Natürlich spielt die eigene Persönlichkeit eine große Rolle, wenn es auf der Suche nach der Berufung um die Erforschung deiner Werte, Stärken und Bedürfnisse geht. Persönlichkeitstypen können dir erste Hinweise darauf geben, wie du dich hier einordnen kannst. In Lehre und Wissenschaft werden unzählige Persönlichkeitstypen beschrieben. Wir fokussieren uns hier auf Folgende, der oder die

- Genaue
- Macher:in
- Zwischenmenschliche
- Leise
- Dominante

Die Persönlichkeitstypen sind überspitzt dargestellt, damit sie sich gut voneinander unterscheiden lassen. Wir sind alle eine Mischung aus diesen Typen, wenngleich wir uns in einigen stärker wiederfinden als in anderen. Jeder dieser beschriebenen Typen birgt Chancen und Risiken, Stärken und Lernfelder. Anhand der folgenden Interviews mit den Persönlichkeitstypen kannst du deine Verhaltensweisen und inneren Haltungen, deine Bedürfnisse, Stärken und Schwächen sowie deine Werte besser einordnen und verstehen.

Die Persönlichkeitstypen im Interview

Der Genaue: Nobody is Perfect. I'm Nobody.
Interviewer: Was sind Ihre Stärken? Was bzw. welche Verhaltensweisen schätzen Sie an sich selber? Welche Werte sind Ihnen wichtig?

Der Genaue: Bevor wir anfangen, darf ich wissen, wie viele Fragen Sie vorbereitet haben?

Interviewer: Geplant haben wir sechs Fragen. Es können auch mehr oder weniger werden.

G: Okay, danke, so kann ich mich darauf einstellen. Was schätze ich an mir selber? Dass ich sehr sorgfältig arbeite, keine Fehler mache. Es können sich alle auf mich verlassen. Ich bringe überall einen hohen Qualitätsstandard rein und kann sehr gut analysieren und planen. Die Werte, die für mich wichtig sind – soll ich sie priorisieren?

I: Oh, wenn Sie das ad hoc können, sehr gerne.

G: Sicherheit steht an erster Stelle, dann Wissen und Fakten, Beständigkeit und Loyalität.

I: Wie verhalten Sie sich bei Konflikten und Entscheidungen?

G: Für mich gilt nur die sachliche Ebene. Konflikte gehören nicht in die Arbeit. Sie sind für mich reiner Kindergarten oder Ablenkung vom Wesentlichen. Bei Entscheidungen erstelle ich eine Pro-Contra-Tabelle oder nehme die Entscheidungsmatrix. Die ist sehr zuverlässig und am Ende steht eine Zahl da.

I: Was ist Ihr Lebensmotto?

G: Ich habe mehrere: Eins nach dem anderen und nicht zu schnell. Erst analysieren und danach handeln. Struktur ist das halbe Leben. Zeige keine Emotionen, sonst bist du angreifbar.

I: Was sind Ihre Lieblingstätigkeiten?

G: Fischen und Go spielen. Mit jemandem zusammenarbeiten, der genau die gleichen hohen Ansprüche an sich und an Qualität hat wie ich. Daten erfassen und daraus Vorgehensweisen ableiten. Ich hätte schon gern die Formel des Lebens auf einem Stück Papier. Dann müsste ich mir zu all diesen Fragen, die Sie mir gerade stellen, keine Gedanken mehr machen.

I: Welche Situationen stressen Sie besonders?

G *(lacht nervös):* Da benötige ich einen Test oder eine strukturierte Analyse.

I: Versuchen Sie trotzdem, spontan zu antworten.

G: Kann ich gerne machen, doch dann ist die Antwort nicht qualifiziert.

I: Damit kann ich leben.

G: Wenn eine Veränderung ansteht, dann ist das für mich eine echte Herausforderung, weil ich meine Routinen sehr schätze. Wenn jemand Druck auf mich ausübt und ich nicht genug Zeit habe, meine Arbeit fehlerfrei umzusetzen. Wenn ich zu wenig klare Vorgaben habe und plötzlich kreativ sein soll. Mich stressen Kollegen, die losrennen, bevor sie wissen, was das Problem ist.

I: In welchen Situationen fühlen Sie sich nicht gesehen, unterfordert oder demotiviert?

G: Wenn die Qualität weniger wichtig ist als Kostengesichtspunkte. Wenn mich der Vertrieb anruft und sagt, eine Circa-Kalkulation reicht völlig aus für den Kunden. Da kann ich nur den Kopf schütteln und denken: »Wir kommen von unterschiedlichen Planeten!«

Die Macherin: »Erfolg hat drei Buchstaben: T.U.N.«

I: Was sind Ihre Stärken? Was bzw. welche Verhaltensweisen schätzen Sie an sich selber? Welche Werte sind Ihnen wichtig?

Macherin: Ich bin gespannt, welche anderen Fragen Sie noch draufhaben.

I: Sie können gerne auch selber eine Frage entwickeln. Ich will Sie nicht begrenzen.

M: Da haben Sie schon mal begriffen, was mir wichtig ist. Ich bin jemand, der sehr schnell ist und auch rasch die Zusammenhänge versteht. Ich kann andere begeistern, bin eher extrovertiert und bin vor allem eine Umsetzerin. Ich schätze an mir, dass ich nicht aufgebe und stets auf die Lösung fokussiert bin. Die wichtigsten Werte sind für mich Freiheit und Kreativität ... die nächste Frage bitte.

I: Gleich, gleich ... Was ist Ihr Lebensmotto? Ihre innere Haltung?

M: Nicht lange labern, machen! Die Welt braucht Menschen, die anpacken. Auf geht's!

I: Wie ist Ihr Verhalten bei Konflikten und Entscheidungen?

M: Ich mag sehr gerne und schnell Entscheidungen treffen. Bei mir geht das ruckizucki. Ich lebe das Prinzip »Trial and Error«. Wichtig ist das Ausprobieren. Wenn jemand eine andere Meinung hat, dann rede ich so lange auf ihn ein, bis er aufgibt. Ich kann andere für mein Vorhaben begeistern ... und wenn jemand ein Problem mit mir hat, dann löse ich das bei einem Glas Bier.

I: Was passiert, wenn Sie eine falsche Entscheidung treffen?

M: Was soll denn schon passieren? Dann weiß ich, es war die falsche Entscheidung, mehr nicht. Treffe ich eben eine neue. Punkt.

I: Was sind Ihre Lieblingstätigkeiten?

M: Gib mir ein Problem, dann bin ich glücklich. Wenn etwas knifflig ist, blühe ich auf. Vor allem, wenn ich diese Aufgabe zum ersten Mal mache. Routine bringt mich um ... Ich möchte vor allem selber entscheiden können, wie ich etwas umsetze. Und am besten jedes Mal anders. Manche glauben deswegen, dass ich chaotisch bin. So ein Quatsch! Ich habe so viele Ideen, dass sie für ein einziges Leben gar nicht reichen ... Ich bin übrigens eine Generalistin. Mich interessieren viele Sachen gleichzeitig.

I: Kann es sein, dass Sie zu viel auf einmal anfangen und nichts zu Ende bringen?

M: Wer sagt denn, dass man erst eine Sache zu Ende bringen muss, bevor man eine neue beginnt? Wo steht das? Mich würde es langweilen, so zu arbeiten. Schwierig wird es dann, wenn das Umfeld ganz anders tickt und andere glauben, sie haben die Weisheit mit den Löffeln gefressen.

I: Welche Situationen stressen Sie besonders?

M: Wenn in Meetings nichts vorwärts geht. Wenn der Kollege X zum dritten Mal die gleiche Frage stellt, weil er noch immer nicht geschnallt hat, was unser Problem ist. Da könnte ich im Viereck springen. Laut werden kann ich auch. Geduld ist nicht gerade meine Stärke. Und wenn noch irgendwelche unwichtigen Details besprochen werden, dann fängt mein Bein an zu zucken ... ich will endlich weitermachen.

I: Haben Sie denn Verständnis für Menschen, die anders ticken?

M: Jetzt haben Sie mich erwischt! Ich arbeite daran ... In solchen Situationen versuche ich dann bewusst ein- und auszuatmen und innerlich zu denken »OOOMMMM«. Ist nicht einfach für mich.

I: In welchen Situationen fühlen Sie sich nicht gesehen, unterfordert oder demotiviert?

M: Wenn mein Chef mir erklärt, wie ich vorgehen soll und mir einen Plan hinlegt. Dann ist es vorbei mit der guten Laune. Oder wenn ich eine Aufgabe wie beim letzten Mal umsetzen soll und meine neue Idee nicht gewürdigt wird. Mich ödet es an, wenn mein Drang, Probleme zu lösen, als unstrukturiert abgetan wird, und wenn man mich »Hans Dampf in allen Gassen« nennt.

I: Wie reagieren Sie dann?

M: Nachdem ich inzwischen meinen Impuls, am liebsten laut zu schreien, mehr oder weniger steuern kann, erkläre ich meinem Gegenüber ganz ruhig und freundlich, dass es mich demotiviert und ich eine andere Vorgehensweise vorschlage. Klappt meistens gut.

I: Und haben Sie sich eine Frage für sich selber überlegt?

M: Na klar! Warum gelingt es so wenigen Leuten ihren Arsch hochzukriegen? Und warum muss ich immer diejenige sein, die sagt, wo es langgeht? Vielleicht haben Sie eine Antwort darauf?

I *schweigt. Denkt nach.*

M: Genau das würde ich gerne können. Stille aushalten. Das machen Sie echt gut. Muss ich mir abschauen. So, gibt's noch was? Ich muss weiter.

Der Zwischenmenschliche: »Der Mensch ist kein Mittel. Sondern immer der Mittel-Punkt.«

I: Was sind Ihre Stärken? Was bzw. welche Verhaltensweisen schätzen Sie an sich selber? Welche Werte sind Ihnen wichtig?

Z: Erst einmal vielen Dank, dass Sie mich ausgesucht haben für die Fragen. Ich beantworte sie sehr gerne, wenn ich damit eine Unterstützung für die Leser:innen dieses Buches bin. Wissen Sie, Ich mag an mir, dass ich sehr empathisch bin und ein großes Verständnis für andere mitbringe. Ich kann gut zuhören, Fragen stellen und bin an den Geschichten der Menschen interessiert. Ich mag es, wenn kooperiert wird und Co-Creation möglich ist. Nur zusammmen können wir die Probleme lösen ... Außerdem sorge ich bei uns im Team dafür, dass es allen gut geht. Gerechtigkeit und Augenhöhe sind für mich die Basis von allem.

I: Dann wäre doch der Beruf des Psychologen für Sie ideal.

Z: Tatsächlich habe ich mir mal als Kind überlegt, etwas für die Menschen zu machen. Auch das Reisen und neue Kulturen Kennenlernen wäre schön. Reisebücher schreiben wollte ich ...

I: Und?

Z: Keine Zeit! Ich muss meine kranke Tante pflegen und das Haus ... und den Garten. Bin im Betriebsrat und Chor und ... Oh je, ich habe vergessen, meiner Nichte zum Geburtstag zu gratulieren! Warten Sie einen Augenblick, ich schreibe ihr kurz eine Nachricht.

I: Was ist Ihr Lebensmotto? Ihre innere Haltung?

Z: Ich möchte, dass es dir gut geht. Wie kann ich dich unterstützen? Der Mensch ist im Mittelpunkt.

I: Wie ist Ihr Verhalten bei Konflikten und Entscheidungen?

Z: Da sprechen Sie zwei wunde Punkte bei mir an, denn beides ist für mich nicht einfach. Bei den Entscheidungen versuche ich, sehr stark aus meiner Intuition heraus zu agieren, ohne jemanden vor den Kopf zu stoßen.

I: Wie geht das?

Z: Das ist sehr schwierig, deswegen bin ich ein Entscheidungsmuffel, sicherlich aus Angst jemanden zu verletzen. Bei Konflikten ziehe ich mich eher zurück und gebe schon mal dem anderen Recht, damit der Konflikt nicht mehr besteht. Ist wahrscheinlich nicht gerade zielführend. Werde ich in die Enge getrieben, kann ich mich allerdings wehren. Da kämpfe ich wie ein Tier.

I: Sie nehmen also in Kauf, dass Sie selbst oft den Kürzeren ziehen?

Z: Ja, absolut. Deswegen mache ich eine Fachkarriere und wage es nicht, Führungsverantwortung zu übernehmen. Schade eigentlich, denn die Welt braucht Führungskräfte, die auch empathisch sind! Vielleicht muss ich mal mit meinem Chef essen gehen und über meine Karriere sprechen. Er liebt Spaghetti alle Vongole.

I: Was sind Ihre Lieblingstätigkeiten?

Z: Am liebsten arbeite ich im Team und entwickle mit den anderen zusammen etwas. Ich kann gut unterstützen und muss selber nicht die Nummer 1 sein. Das überlasse ich gerne anderen. Wichtiger als die Aufgabe ist für mich die Atmosphäre, in der wir zusammenarbeiten. Wir können unsere Ziele nur dann erreichen, wenn wir einander respektieren.

I: Was tun Sie, wenn Sie Konflikte wahrnehmen?

Z: Ich nehme all meinen Mut zusammen und spreche sie an. Das kann ich inzwischen. Ich habe mir auch schon überlegt, eine Ausbildung zum Mediator zu machen.

I: Wow ... da haben Sie noch jede Menge vor!

Z: Ja, ich muss allerdings schauen, dass ich mich da nicht überfordere.

I: Welche Situationen stressen Sie besonders?

Z: Konflikte im Team sind für mich purer Stress. Ich merke das sofort körperlich mit Verspannungen im Nacken, Migräne. Was mich auch stresst ist, wenn jemand unfair behandelt wird. Ich setze mich dann für die Person ein. Das fällt mir leichter, als mich für mich meine eigenen Bedürfnisse zu engagieren.

I: Wie gehen Sie mit Veränderungen um?

Z: Kommt darauf an, ob es dabei Vorteile für die betroffenen Menschen gibt oder nicht. Oder ob eine Veränderung eine Alibi-Aktion ist, ausgelöst durch bestimmte Themen oder Zahlen, die stimmen müssen.

I: In welchen Situationen fühlen Sie sich nicht gesehen, unterfordert oder demotiviert?

Z: Ich fühle mich abgehängt, wenn jeder für sich allein arbeitet und es keinen Austausch gibt. So wie es am Anfang des Lockdowns war. Das war für mich ein Alptraum. Und wenn Menschen nur an Zahlen gemessen werden. Deswegen habe ich auch meine letzte Stelle gekündigt. Da bin ich eingegangen wie eine Pflanze ohne Wasser. Es unterfordert mich, wenn ich keine neuen Beziehungen aufbauen und gestalten kann … und es macht mich echt krank.

I: Vielen Dank für Ihre Offenheit.

Z: Sehr gerne. Übrigens … jetzt geht mir die Idee mit der Mediationsausbildung nicht mehr aus dem Kopf!

Der Leise: »Wer laut schreit, braucht Hilfe«

I: Was sind Ihre Stärken? Was bzw. welche Verhaltensweisen schätzen Sie an sich selber? Welche Werte sind Ihnen wichtig?

Der Leise: Was meine Stärken sind, kann ich nicht so richtig sagen. Ich mache einfach meinen Job, und das ist okay so. Ich lasse mich jedenfalls nicht ablenken und kann meine Aufgaben alle gut umsetzen.

I: Was noch?

L: Ich finde es gut, dass ich bescheiden bin und mich nicht so profilieren muss wie manche im Team.

I: Was meinen Sie mit »profilieren«?

L: Es gibt Kollegen und Kolleginnen, die den ganzen Tag darauf achten, dass sie sichtbar sind und dass ihre Leistung gesehen wird.

I: Und genau diese Kollegen werden befördert, stimmt's?

L: Leider ja.

I: Was ist Ihr Lebensmotto? Ihre innere Haltung?

L: Am besten ist, wenn ich in Ruhe gelassen werde und meine Arbeit machen kann. Bloß nichts sagen, sonst dauert die Sitzung noch länger.

I: Wie ist Ihr Verhalten bei Konflikten und Entscheidungen?

L: Konflikten gehe ich klar aus dem Weg, denn ich habe Besseres zu tun. Für Entscheidungen brauche ich Ruhe, damit ich nicht vom Lärm abgelenkt werde. Ich wäge für mich ab und treffe oft sehr gute Entscheidungen. Rückzug ist für mich sehr wichtig, denn sonst höre ich meine Gedanken nicht. Ich muss mich immer wieder gedanklich sortieren. Deswegen wäre auch ein Großraumbüro nichts für mich. Diese neuen Bürokonzepte sind nicht für alle unterstützend. Das vergessen deren Erfinder oft.

I: Was sind Ihre Lieblingstätigkeiten?

L: Ich arbeite gerne alleine für mich. Das können Recherchearbeiten sein oder schwierige Fragestellungen. Am besten ist, wenn ich autonom sein kann und nicht zu oft unterbrochen werde. Ich bin eher der Beobachter-Typ und nehme auch viel wahr. In meiner Freizeit arbeite ich mit Holz und zimmere selbst Möbel.

I: Wenn Sie eher beobachten, bringen Sie Ihre Wahrnehmung in ein Gespräch ein?

L: Das ist eine große Hürde für mich. Ich bin zwar fachlich nicht gerade die letzte Wahl, aber ich habe kein Interesse an diesem politischen Blabla.

I: Wie wäre es, wenn genau das Ihre Stärke ist: in einem Satz das auf den Punkt zu bringen, was andere in 20 Sätzen sagen würden?

L: Hört sich gut an. So habe ich das noch nie gesehen.

I: Reframing ... das ist eine Technik im Coaching. Man gibt damit etwas vermeintlich Negativem einen neuen Bedeutungsrahmen. Und das ist für die Person stärkend und ermutigend. Welche Situationen stressen Sie besonders?

L: Mich stresst es, wenn ich plötzlich im Mittelpunkt stehen muss. Wenn ich frei reden soll. Ich mag das nicht, nicht mein Ding. Oder wenn ich im Mitarbeitergespräch über meine Erfolge berichten soll. Alles nur Show.

I: Sie wollen also den Blendern die Bühne überlassen. Damit sollen also nur die lauten Menschen Einfluss haben?

L: War das jetzt wieder eine Art Reframing?

I: Eher eine provokante Frage – und die Anregung an Sie, zu Ihren Leistungen zu stehen und sie sichtbarer zu machen. In welchen Situationen fühlen Sie sich nicht gesehen, unterfordert oder demotiviert?

L: Ich werde manchmal vergessen, so beispielsweise nicht eingeladen zu bestimmten Veranstaltungen. Und was mich demotiviert, sind Kollegen, die sich als die Oberchecker verkaufen und nichts leisten. Die kommen erstaunlich weit in ihrer Karriere. Meine Leistung wird oft nicht gesehen. Schade eigentlich. Genau das meinten Sie vorher, nicht wahr? Wissen Sie, es gibt aber auch Vorteile. Interessanterweise werde ich oft unterschätzt. Das ist auch okay, denn so habe ich meine Ruhe.

I: Sie haben zwar Ihre Ruhe ... ist es aber nicht schade, dass dann eine wichtige Expertise fehlt, wenn Sie zu ruhig sind?

L: Ich merke gerade, Sie wollen mich aus der Reserve locken ...

I: Ja, klar!

Die Dominante: »Der Rest ist eigentlich egal.«

I: Was sind Ihre Stärken? Was bzw. welche Verhaltensweisen schätzen Sie an sich selber? Welche Werte sind Ihnen wichtig?

D: Ich kann mich gut durchsetzen und die anderen beeinflussen. Ich bin die Meisterin des Influencing!

I: Wie machen Sie das? Verraten Sie doch mal Ihre Geheimnisse.

D: Okay, was bekomme ich dafür?

I: Ah, Sie machen also Deals?

D: Zum Beispiel.

I: Sie bekommen von mir die Bühne, damit andere Ihre Geheimnisse bewundern können.

D: Das ist passabel.

I: Da habe ich ja Glück gehabt.

D: Ich mag Klartext. Das bedeutet, dass ich sehr direkt bin und die wunden Punkte anspreche. Durch meine gute Menschenkenntnis weiß ich genau, wie ich andere führen muss, damit sie das tun, was ich will. Das bedeutet hartnäckig bleiben. Ein Nein vom Gegenüber ist für mich nicht das Ende einer Diskussion, sondern erst der Anfang einer spannenden Auseinandersetzung. Ich bin an Macht interessiert – also an positiver Macht – und beanspruche sie auch für mich. Wir brauchen Orientierung und Stabilität. Vertrauen ist für mich das Wichtigste.

I: Was heißt für Sie positive Macht?

D: Ich nutze meine Macht, um auch andere zu empowern und wichtige Themen durchzusetzen. Früher bin ich schon mal über Leichen gegangen. Das hat sich in der Zwischenzeit geändert.

I: Inwiefern?

D: Ich kann jetzt auch zuhören und andere Sichtweisen annehmen.

I: Was ist Ihr Lebensmotto? Ihre innere Haltung?

D: Früher hätte ich gesagt: »Da wo ich bin, ist vorne.«, oder: »Lieber tot als Zweiter«.

I: Und heute?

D: Heute ist es eher: »Wie kann ich das Ergebnis beeinflussen?«

I: Wie verhalten Sie sich bei Konflikten und Entscheidungen?

D: Entscheidungen zu treffen ist eine meiner Hauptkompetenzen. Das könnte ich am laufenden Band tun. Ich habe gelernt, dass ich in Konflikten mein Gegenüber nicht direkt k.o. schlage, sondern erst einmal zuhöre, was seine Bedürfnisse und Motive sind. Eine gute Beziehung kann auch mal für mich unterstützend sein. Das musste ich lernen.

I: Wie meinen Sie das?

D: Dass ich auch mal Unterstützung einfordern kann und nicht alles alleine wissen muss.

I: Sich also als nahbar zeigen können?

D: Ja ... gewissermaßen.

I: Was sind Ihre Lieblingstätigkeiten?

D: Alle Situationen, in denen ich Einfluss üben kann. Und auch Krisenmanagement liegt mir. Es muss ja jemanden geben, der sagt wo es langgeht. Ich nehme mir gerne die Bühne, bin also gerne im Mittelpunkt und halte Auseinandersetzungen gut aus. Was ich mag, sind harte Verhandlungen. Da kann ich alle meine Strategien einsetzen.

I: Welche Situationen stressen Sie besonders?

D: Mich stressen Menschen, die sich schnell klein machen und aufgeben.

I: Wieso?

D: Weil das für mich keine Sparringspartner auf Augenhöhe sind. Früher hätte ich gesagt, das sind Luschen. Solche Menschen unterfordern mich, und das macht keinen Spaß. Ansonsten stresst mich wenig … Ach doch, wenn nicht geklärt ist, wer das Sagen hat! Das ist mühsam. Und wenn ich merke, dass ich mehr von mir persönlich preisgeben sollte, gerade in privaten Beziehungen. Stressig ist auch, wenn ich kritisiert werde. Das ist für mich kaum auszuhalten. Doch darin bin ich schon besser geworden.

I: In welchen Situationen fühlen Sie sich nicht gesehen, unterfordert oder demotiviert?

D: Unterforderung hatte ich eben schon erwähnt. Ich bin jemand, der sich selber bestens motivieren kann, und ich hole mir das, was ich brauche. Insofern ist diese Frage für mich nicht relevant.

I: Was würden Sie sich denn selber fragen?

D: »Was ist deine größte Sehnsucht?«

I: Okay, was ist Ihre größte Sehnsucht?

D: Ich möchte eine Familie gründen und Kinder großziehen. Ich wünsche mir einen Partner, bei dem ich mich fallen lassen kann, der nicht meine harte Seite erwartet. Ja, das ist es!

Stärken

Was gibt es Schöneres, als im Job seine Stärken leben zu können! Stärken sind daher auch ein wichtiges Puzzleteil, wenn du dich auf die Suche nach deiner Berufung machst. Doch viele von uns wissen gar nicht, worin ihre Stärken liegen, erkennen sie nicht als solche.

Marcus Buckingham und Donald O'Clifton entwickelten, basierend auf ihren Langzeitstudien zu individueller Entwicklung und erfolgreicher Führung für die Gallup Organisation, folgende Definition, die wir gerne übernehmen möchten: Stärke ist die beständige, beinahe perfekte Leistung in einer Tätigkeit. Stärke ist immer abrufbar und wiederholbar. Der Mensch geht ganz darin auf – und sie macht glücklich.

So entdeckst du deine Stärken

Wir haben hier für dich einige Reflexionsfragen zusammengestellt, die dir helfen, mehr Klarheit über deine Stärken zu bekommen.

Reflexionsfragen: Stärken

- Womit hast du deine größten Erfolge gefeiert? Überlege dir drei Situationen, in denen du erfolgreich warst. Erkennst du ein Muster? Einen roten Faden? War es die Tätigkeit, das Thema oder das Umfeld, also die Zielgruppe?
- Wofür wirst du im Job oder im Privatleben immer wieder gelobt, von dem du denkst, dass es doch selbstverständlich ist?
- Was fällt dir leicht? Was kannst du besonders gut?

Reflexionsfragen: Stärken

- Was kannst du besser als die anderen?
- Welche Stärken sehen andere in dir? Warum sind Menschen gerne mit dir zusammen? Was mögen und schätzen sie an dir?
- Angenommen deine beste Freundin oder dein Partner sitzt hier auf dem Stuhl, wie würde sie oder er deine Stärken beschreiben?
- Welche sozialen Kompetenzen besitzt du? Wie gehst du mit Konflikten um? Wie kommunizierst du? Wie gibst du Feedback?
- Welche fachlichen Kenntnisse, Fertigkeiten und Fähigkeiten hast du, welche davon beherrschst du besonders gut? Was hast du gelernt? Denke auch an deine Hobbys und Beschäftigungen im privaten Bereich.
- Welche methodischen Kompetenzen hast du? Hast du vielleicht eine bestimmte Methode verfeinert oder gar entwickelt?
- Perfekte, harmonisch-runde Alleskönner-Persönlichkeiten gibt es nicht. Im Gegenteil: Menschen, die ihre Stärken erkannt haben und einsetzen, sind Menschen mit Ecken und Kanten. Achte deshalb darauf, wofür du kritisiert wirst. In der Kritik verbirgt sich oft der versteckte Hinweis auf deine Stärken.

BEISPIEL: KRITIK OFFENBART STÄRKEN

Jemand, der strukturiert arbeitet und denkt, wird von der Umwelt schnell als Pedant bezeichnet.

Eine andere, die im Handeln aufgeht, wird als ungeduldig und impulsiv abgestempelt.

Hole dir in deinem Umfeld Feedback über deine Stärken ein. Du kannst Freunde, Familie oder Bekannte fragen, welche Eigenschaften sie mit dir verbinden bzw. wofür sie dich schätzen. Du bekommst so eine neue Sichtweise auf deine Stärken und entdeckst weitere verborgene Schätze auf der Suche nach deiner wahren Berufung.

Werte

Werte sind es wert, für sie zu leben. Manche geben für sie auch gerne ihr Leben hin. Dem einen ist Frieden und Toleranz wichtig, während der andere nach Reichtum, Einfluss und Autorität strebt. Der eine schätzt Sicherheit und Beständigkeit, der andere Unabhängigkeit und Freiheit.

Auf der Suche nach den Werten

Doch vielen Menschen sind die eigenen Werte gar nicht klar und präsent. Wir haben im Laufe des Lebens bestimmte Werte unbewusst übernommen und gelebt. Persönliche Reife bedeutet, ganz bewusst die bisher gelebten Werte kritisch zu beleuchten und sich bewusst für Werte zu entscheiden, die einem selbst in Zukunft als Leitplanken für Entscheidungen dienen können.

Nur wenn du weißt, welche Werte dir wichtig sind, ...

- hast du in kritischen Situationen eine klare Orientierungshilfe für deine Entscheidungen und Reaktionsweise.
- kannst du sie auch im Gespräch klar benennen und etwas einfordern oder erklären.
- kannst du besser Nein sagen.
- kannst du im Nachhinein verstehen, wieso du auf eine bestimmte Art reagiert hast.
- kannst du dich im Dschungel der Wahlmöglichkeiten orientieren.

Die Suche nach unseren wahren Werten ist auch wichtig, um unserer Berufung auf die Spur zu kommen. Wenn wir unsere

Werte erkennen und überprüfen, wann sie uns in unserem Handeln unterstützen und wann möglicherweise hindern, kommen wir auch unserer Berufung näher.

Wenn wir unsere persönlichen Werte erkennen wollen, werden wir sowohl unsere Motive und Beweggründe hinterfragen müssen als auch unsere Wünsche und Ambitionen. Wir werden den Sinn und auch so manchen Unsinn unseres Handelns analysieren und feststellen, dass hinter vielen Wendepunkten in unserem Leben unsere Wertevorstellungen stehen.

Nur wenn du deine Werte kennst, kannst du erkennen, wann sie verletzt werden. Das sind die Momente im Leben, die sich für uns nicht richtig anfühlen. Wenn ich meine Werte kenne, kann ich in solchen Situationen viel schneller reagieren und etwas verändern.

BEISPIEL: DER RICHTIGE JOB?

Susanne sitzt in einem Bewerbungsgespräch. Die Interviewer:innen stellen Fragen, die ihre Privatsphäre verletzen. Susanne geht davon aus, dass dieses Verhalten ein Gruß aus der Unternehmenskultur-Küche ist. Wie reagiert sie? Wenn sie ihre Werte für sich vorher geklärt hat, wird sie das Gespräch professionell zu Ende bringen und die Stelle nicht annehmen. Wenn ihr ihre Werte nicht klar sind, könnte sie diese Anstellung eine unglückliche Zeit ihres Lebens kosten.

Deine Werte-Arbeit

Die folgenden Reflexionsübungen helfen dir dabei, dir deine Werte bewusst zu machen.

Zwei Hände voll mit Werten

In dieser Übung machst du dich auf die Suche nach deinen fünf wichtigsten arbeitsbezogenen und den fünf wichtigsten beziehungsorientierten Werten.

1. Schritt: Gehe die Werte-Liste am Ende der Aufzählung durch und markiere beliebig viele Werte, die dich in Bezug auf die Bereiche Privat- und Berufsleben ansprechen. Am besten nimmst du dir erst das eine Thema und danach das andere vor.

2. Schritt: Gehe die markierten Werte durch und unterstreiche diejenigen Werte, die dir wichtig sind.

3. Schritt: Markiere nun wiederum mit einer anderen Farbe jeweils die fünf Kernwerte, die dir am wichtigsten sind.

4. Schritt: Beschreibe in ein paar Sätzen, wie du diese fünf Werte für dich verstehst und definierst. Du kannst auch aus der Liste gestrichene Werte, die zum Kernwert passen, in die Definition hinzunehmen. Am besten erklärst du es jemandem und überprüfst so, ob du es klar formulieren kannst.

Eine Auswahl an Werten (beliebig ergänzbar)			
Abenteuer	Achtung	Abwechslung	Anerkennung
Ästhetik	Ausgleich	Aussehen	Balance
Begegnung	Begeisterung	Bekanntheit	Bewegung
Bewusstheit	Beziehungen	Bildung	Dankbarkeit
Disziplin	Echtheit	Effektivität	Ehrlichkeit
Erfolg	Erleuchtung	Ernährung	Erotik
Freiheit	Freude	Freundschaft	Frieden

Eine Auswahl an Werten (beliebig ergänzbar)

Führung	Fühlen	Fülle	Fürsorglichkeit
Geld	Gemeinschaft	Genauigkeit	Genuss
Gerechtigkeit	Gesundheit	Gewaltfreiheit	Glaube
Großzügigkeit	Harmonie	Helfen	Heilung
Humor	Intimität	Integrität	Intelligenz
Intuition	Karriere	Körperkontakt	Kommunikation
Kompetenz	Konsens	Kontakt	Kontrolle
Kreativität	Kunst	Lebendigkeit	Lebensfreude
Lernen	Liebe	Loyalität	Lust
Luxus	Macht	Meditation	Minimalismus
Mitgefühl	Moral	Mut	Nächstenliebe
Natur	Offenheit	Optimismus	Ordnung
Partnerschaft	Phantasie	Präzision	Pünktlichkeit
Qualität	Reichtum	Reife	Reisen
Religion	Risikobereitschaft	Ruhe	Ruhm
Selbständigkeit	Selbsterkenntnis	Selbstbestimmung	Selbstwert
Sex	Sicherheit	Sinn	Solidarität
Spüren	Status	Toleranz	Unabhängigkeit
Urlaub	Verbundenheit	Verantwortlichkeit	Vergnügen
Verständnis	Vertrauen	Wachstum	Wahrheit
Weisheit	Wertschätzung	Wettbewerb	Wissen
Wohlbefinden	Wohlstand	Zielorientierung	Zufriedenheit

Der Werte-Check

Du hast mit der Reflexion oben nun deine zehn wichtigsten Werte herausgearbeitet. Mit dem Werte-Check tauchst du noch tiefer in deine Welt der Werte ein.

Werte-Check
Entscheide selber, ob du in dieser Reflexion alle zehn Werte von oben durchgehst oder nur die im Moment relevanten. Beantworte dann zu jedem Wert die folgenden Fragen.

1.	Zu wie viel Prozent lebst du diesen Wert?
2.	In welchen Situationen hast du diesen Wert verletzt?
3.	Ist es wirklich dein Wert oder ist es ein projizierter/von anderen übernommener Wert?
4.	Welche konkreten Handlungen kannst du in nächster Zeit umsetzen, die auf diesem Wert basieren? Beachte: Wertebasierte Handlungen machen den Wert erst greifbar.

12 Fragen, die dein Leben verändern

Du hast dir nun deine Werte und Stärken vor Augen geführt. Hier geht die Schatzsuche weiter. Die folgenden 12 Fragen helfen dir, auf der Suche nach deiner Berufung weitere Puzzlesteine zu finden. Am besten du beantwortest sie schriftlich. So setzt du dich automatisch intensiver damit auseinander und spürst, welche Fragen dich besonders ansprechen. Die Alternative: Jemand anders stellt dir die Fragen bei einem Spaziergang.

Frage	Erläuterung
1. Was würdest du tun, wenn du kein Geld verdienen müsstest?	Stell dir vor, du kannst deine Tätigkeit frei wählen, ohne den Druck zu haben, damit Geld zu verdienen. Was würdest du wählen?
2. Wofür wurdest du als Kind kritisiert?	Erinnere dich, was dein Umfeld oft zu dir gesagt hat. Waren es zum Beispiel Sätze wie diese: »Hör auf, so viel zu sprechen!«, »Stell nicht so viele Fragen«, »Du machst zu viel gleichzeitig!«? Diese Sätze können dich zu verborgenen Schätzen führen, die du unbewusst tief verbuddelt hast, weil sie verboten oder unerwünscht waren. Wir nennen sie die Schlummerlinge, da sie nicht gehobene Schätze sind.
3. Wenn du die Zeit zurückdrehen könntest und dein eigener Coach wärst: Welche Empfehlung in Bezug auf deine Berufung würdest du deinem 18 Jahre alten Ich geben?	Hier geht es darum, was du dir selber, mit deiner heutigen Erfahrung und Reife, empfehlen würdest. Vielleicht könnte das eine Auswirkung auf dein heutiges Ich haben.
4. Welche Tätigkeiten, Hobbys und Menschen geben dir Kraft und Energie? Welche Tätigkeiten und Menschen rauben dir Energie?	Vielen Menschen ist es gar nicht bewusst, was sie erfüllt und was sie quält, da sie im Funktionier-Modus agieren und nicht im Lebens-Modus.
5. Wann bist du im Flow: Wann bist du völlig versunken in dem, was du tust, und vergisst darüber Zeit und Raum?	Flow bedeutet auch, ganz im Hier und Jetzt zu sein und sich der Tätigkeit voll hinzugeben.

Frage	Erläuterung
6. Welches Problem, welche Ungerechtigkeit würdest du gerne lösen, beseitigen oder verändern?	Gibt es etwas in deiner Umgebung, wofür du dich gerne engagieren möchtest? Eine Ungerechtigkeit, gegen die du deine Stimme erheben willst?
7. Über welches Thema kannst du dich stundenlang unterhalten? Bei welchem Thema hast du Schmetterlinge im Bauch?	Wohin geht deine Aufmerksamkeit, wenn sie freien Lauf hat? Womit beschäftigen sich deine Gedanken gerne und wovon erzählst du ganz viel, weil du begeistert bist?
8. Worauf freust du dich ganz besonders in deiner freien Zeit, am Wochenende oder im Urlaub?	Womit willst du am liebsten jeden Tag zu tun haben? Womit möchtest du dich am liebsten in jeder freien Minute beschäftigen?
9. Was genau motiviert dich dazu, wissbegierig zu sein? Worin willst du immer besser werden, weil es dir Freude macht?	Bei welcher Tätigkeit spürst du die meiste Freude und gleichzeitig die Motivation, über dich selber hinauszuwachsen?
10. Was würdest du tun, wenn du keine Angst hättest zu scheitern?	Wir haben sehr viele Ängste, die unser Handeln begrenzen. Aus Angst zu versagen, gehen wir das Risiko gar nicht erst ein.
11. Wie sieht dein perfekter Arbeitstag aus? Beschreibe ihn so konkret wie möglich.	Wie lange ist der Arbeitsweg? Fährst du mit dem Fahrrad zur Arbeit? Wo arbeitest du? Was tust du? Welche Funktion hast du? Wie sind der Führungsstil und die Kultur? Welche Werte werden dort gelebt? Je konkreter du alles beschreibst, desto mehr kannst du über dich selber erfahren.

Frage	Erläuterung
12. Wofür sollen die Menschen dich in Erinnerung behalten?	Womit bzw. mit welchen Begriffen/Qualitäten willst du assoziiert werden? Welchen Fußabdruck möchtest du auf der Welt hinterlassen? Was sollen deine Nachfahren über dich erzählen?

Die Rede zu deinem 80. Geburtstag

Die folgende Übung führt dir vor Augen, was ein (sinn)erfülltes und lebenswertes Leben für dich bedeutet. Sie lässt dich die Perspektive wechseln, weil sie dich in die Zukunft versetzt, aus der heraus du zurückblickst.

Stell dir vor, dass viele Menschen zusammengekommen sind, um deinen 80. Geburtstag zu feiern. Es herrscht eine wunderschöne Atmosphäre. Es wird gefeiert und gelacht. Vier verschiedene Reden sind angekündigt, die alle ein Thema haben: dich.

1. Jemand aus deiner engsten Familie wird eine Rede halten.

2. Dann wird ein guter Freund oder deine beste Freundin sprechen.

3. Daran schließt sich die Rede eines Menschen aus deinem beruflichen Umfeld an.

4. Den Rede-Reigen beschließt eine Person deiner Wahl. Das kann auch eine bekannte Persönlichkeit wie z. B. ein Regisseur sein.

Was sollen die Redenden über dich sagen? Nimm ein Blatt Papier und schreibe diese vier fiktiven Reden auf, jeweils aus der Perspektive der einzelnen Personen.

- An welche Erlebnisse erinnern sie?
- Was sollen sie über dich berichten?
- Was war dein Lebenswerk?
- Welche Eigenschaften und Werte hast du gelebt?

Stell dir die Reden der vier Personen so vor, wie du sie dir wünschst, auch wenn du im Moment ein ganz anderes Leben führst. Lasse dir die geschriebenen Reden vorlesen und nimm wahr:

- Wo gehst du in Resonanz?
- An welcher Stelle bist du berührt?
- Worüber musst du schmunzeln?
- Was macht dich traurig?
- Was ist dein Fazit nach dieser Übung?

Das eigene Leben neu gestalten

Du hast nun schon viel über dich herausgefunden. Und jetzt? Wir zeigen dir, wie du deine Geschichte fortschreiben kannst, um sie zu deiner ganz persönlichen Erfolgsstory zu machen.

In diesem Kapitel erfährst du unter anderem,

- warum du dich von Glücksformeln und Patentrezepten verabschieden solltest,

- wie du verstaubte Lebensdrehbücher umschreibst,

- warum wir dir IKIGAI und Transformationsdesign ans Herz legen.

Leben nach Rezept und Erfolgsformeln?

BEISPIEL: LÜGEN UND LEBENSWENDEN

Für Ingrid lief ziemlich lange alles ziemlich gut. Schon früh war klar, dass sie in die Fußstapfen ihres Vaters, eines in Ingrids Heimatort angesehenen Bankdirektors, treten würde. Sie liebte ihren Papa für seine strenge, aber gerechte Art und sie bewunderte, mit welchem Respekt alle Nachbarn, ihre Lehrer und ihre Mitschüler ihm begegneten. Stets bedacht auf den guten Ruf der Familie war sie eine Vorzeigetochter, Vorzeigeschülerin, Vorzeige-studentin, Vorzeigeangestellte, Vorzeigeführungskraft. Zugunsten ihrer Kunden und Projekte verzichtete sie auf »kostspielige und zeitraubende Beziehungen«. Sie machte alles richtig, sie übertraf sogar ihren Vater, was die Karriere und den Umgang mit dem Geld betrifft. Die Rechnung ging auf. Die Menschen beneideten sie. »Neid«, sagte ihr Vater immer, »ist eine Art der Respektbezeugung.« Doch dann – vollkommen unerwartet, kurz von der nächsten Karrierestufe – verlor Ingrid den Wettbewerb um einen Vorstandsposten. »Zu viel Strenge, zu wenig Güte«, hieß es lakonisch in der ablehnenden Begründung des Aufsichtsrates. »Bloßer Vorwand«, sagte sie sich, »um mich, eine Vertreterin der guten, alten Schule mit Mitte Fünfzig loszuwerden.

Sie wurde freigestellt und kam sich mitten im Leben, trotz üppiger Abfin-dung, plötzlich nutzlos und orientierungslos vor. Sie hatte doch immer alles richtig gemacht! Ingrid war überzeugt davon, schnell eine neue Stelle zu finden, doch vergebens. Sie haderte mit dem Schicksal und mit sich selbst, analysierte akribisch ihre Fehler, warf sich vor, sich in der Vergangenheit nicht genug angestrengt zu haben. Als sie eines Tages ein Erbstück, die Lieblingssuppenschüssel ihres Vaters fallen ließ, brach sie in Tränen aus. Sie erschrak. Das letzte Mal hatte sie geweint, als ... Sie konnte sich nicht erin-nern. Vielleicht damals vor fünf Jahren, als sie ihr Cabrio zu Schrott gefahren hatte. Oder noch früher, als ihrem Vater bei der Bank ein Fehler unterlief, er seinen Ruf ruiniert sah und viel zu jung an einem Herzinfarkt starb? Sie begann, an sich selbst und an ihrem Lebensentwurf zu zweifeln. Sie ver-lor ihren Lebensmut. Vereinsamte. Und stand kurz davor, den Respekt sich selbst gegenüber zu verlieren. Eines Tages, bei einem Sonntagsfrühstück in ihrem schönen Haus am See, hob sie feierlich ein Glas Prosecco in die Höhe und hörte sich laut sagen: »Ingrid, du bist am Arsch ... dein ganzes Leben basiert auf einer Lüge.« Sie musste über ihren pathetischen Ton furchtbar lachen. Minutenlang. Sie trank aus, warf das Glas hinter sich, wie sie das mal auf einer griechischen Hochzeit gesehen hatte – und beschloss, ihrem Leben eine neue Wendung zu geben.

Viele von uns kennen die Erzählungen, die vermeintlich die Antwort liefern auf die Frage: »Wie soll man ein gelungenes Leben führen?« Sie enthalten von früheren Generationen erfolgreich erprobte Rezepte, die dem frühen Vogel den Wurm versprechen und dem Tüchtigen sein Glück. Sie basieren auf einer simplen Wenn-dann-Kausalitätskette und versuchen damit, auf naive Weise das Chaos des Lebens zu bewältigen.

Ich mache mir die Welt, wie sie euch gefällt ...

Das wäre weiter ja nicht schlimm, wenn jeder sich seine eigene Realität bauen würde wie Pippi Langstrumpf, ohne andere damit zu belästigen. Das Problem beginnt jedoch dort, wo diese Rezepte oft im Namen des Guten zu absoluten Wahrheiten erhoben werden, ungefragt verabreicht und unreflektiert konsumiert. So entstehen »große Erfolgserzählungen«, die aber oft nur Enttäuschung und Unglück produzieren.

Storylines, die attraktiv als einfache Rechnungen daherkommen, wie zum Beispiel: »mehr Leistung = mehr Wohlstand«, als banal zu demaskieren, ist nicht einfach. Laut mancher Sterbebegleiter merken viele Menschen erst angesichts des nahenden eigenen Todes, dass sie ihr Leben lang einer verlogenen Story hinterhergelaufen sind.

> Die Überzeugung, dass es für ein gelungenes Leben wie für das Herstellen von Autoreifen nur eine richtige Vorgehensweise gibt, klingt zwar bescheuert, scheint aber trotzdem für viele von uns sehr verlockend zu sein.

Getrieben von einem starken Bedürfnis nach Zugehörigkeit, übernehmen wir gerne solche Interpretationen der Wirklichkeit aus der familiären Heimat, weil wir uns dort geborgen fühlen. Wir wollen das Paradies der ursprünglichen Handlungsempfehlungen nicht verlassen, weil diese uns – vermeintlich – vor persönlichem Versagen schützen. Wir bleiben dabei, selbst wenn wir den leisen Verdacht haben, dass es da durchaus andere Realitätsentwürfe und Handlungsoptionen gibt.

Ich bin dagegen!

Manchmal auch haben wir uns unsere Storylines im zähen Ringen mit den primären Bezugspersonen erkämpft. Umso mehr verschanzen wir uns hinter dem schwer erkämpften Erfolgsplot wie in einer Festung und werten andere Realitätsangebote als Angriffe ab. Wir verteidigen die eigene Storyline wie ein Heiligtum. Sie macht unsere Identität aus. Und wir geben sie mehr oder weniger bewusst weiter.

Vielleicht auch, weil wir große Angst davor haben, dass wir uns in unserer Storyline täuschen könnten, bekämpfen wir die anderen Entwürfe, statt uns selbst die eine Frage zu stellen: »Habe ich in meinem Leben schon versucht, andere Perspektiven einzunehmen, andere Lebenslinien neugierig zu betrachten, eine persönliche alternative Storyline wenigstens in meiner Phantasie zu durchleben?«

Wenn Menschen, die miteinander arbeiten, Familien gründen, Unternehmen führen in Konflikte geraten und einander belehren, überreden und schließlich sich gegenseitig beweisen wollen, was mit dem jeweils anderen nicht in Ordnung ist, folgen sie starren Anweisungen ihrer naiven Storyline. Meist führt sie das direkt in eine Sackgasse.

Eine erstarrte Storyline zu verlassen, in der wir uns einst wohlgefühlt haben, ist manchmal so schwer zu bewerkstelligen, wie es für ein Kind schwer ist, aus einer Sekte auszubrechen, oder für ein Stalkingopfer, dem Verfolger zu entkommen. Dieser Weg verlangt nach Mut und einer wohlwollenden Selbstbetrachtung, die neugierig farbig unterschiedliche Lebensmotive als ein Mosaik ansieht und es neu ordnet.

Wenn du dich gerade fragst, wie du dir bewusst eine vielschichtige, vielperspektivische Realität baust oder wie du mitten im Leben der eigenen Story eine neue Wendung geben kannst, folge uns ins nächste Kapitel.

Verstaubte Lebensdrehbücher umschreiben

Unser Leben ist von Denk- und Verhaltensdrehbüchern geprägt. Sie enthalten erlernte oder verhandelte Abläufe, die uns das Zusammenleben erleichtern sollen. Wenn wir uns zum ersten Mal irgendwo bewerben oder mit jemandem in einen Konflikt geraten, rufen wir diese Drehbücher ab oder lassen uns von anderen dazu beraten, welcher Handlungsablauf richtig wäre. Wir bezeichnen die Sammlung solcher Drehbücher als unseren Erfahrungsschatz und erweitern sie durch die Erfahrungen der anderen, Eltern, Großeltern, Freunde, Feinde, Fremde. Gehört, gelesen, gesehen üben sie einen Einfluss auf unser Wahrnehmen, Denken, Fühlen und Handeln aus. Wir legen sie schön sortiert in unserer Drehbuchsammlung ab. Dort warten sie wie in einer alten Videothek geduldig darauf, wieder abgespielt zu werden.

Vor allem Vertreter:innen der humanistischen Psychologie, die sich nicht nur mit dem Heilen von seelischen Störungen beschäftigen wollten, sondern mit persönlicher Reifung, wiesen darauf hin, dass wir viele veraltete Drehbücher unbewusst nachspielen und nur unter hohem Leidensdruck bereit sind, neue Narrative zu entwerfen. Mehrere psychologische Schulen, die der humanistischen Psychologie entstammen, wie zum Beispiel die Gestalt- oder Transaktionsanalyse oder die Schematherapie, bieten daher auch unzählige Methoden, die persönlichen Skripte, Lebensschemata oder auch zentralen Mythen, wie sie es nannten, aufzudecken und neu zu schreiben.

Die Kraft der alten und neuen Erzählungen

In Form von Mythen erklärten Erzählungen den Menschen ihre Herkunft und den Sinn ihrer Existenz. Der Ausfall der Ernte und ein Erdbeben konnten damit ebenso wie Elternglück und ökonomischer Erfolg in einen Sinnzusammenhang gestellt werden. Mythen brachten Ordnung in das Chaos des Lebens und boten hilfreiche Handlungsanweisungen an. Diese Technik der Sinnstiftung nennen wir heute Storytelling. Es ist eine Kunst, aus Ereignissen durch Reflexion einen Erfahrungsschatz zu machen, der Menschen bei der Sinnsuche unterstützt.

Storytelling interpretiert und verwertet von der Tradition überlieferte Erzählmuster, beobachtet Veränderungen in der Gegenwart und ermöglicht auf diese Weise den Dialog zwischen Altem und Neuem. So gelingt es, Erfahrungsschätze dauerhaft zu revitalisieren.

Im Sinne der Suche nach einer echten Berufung oszilliert Storytelling zwischen Vergangenheit und der gerade entstehenden Zukunft. Es prüft ununterbrochen alte Erzählmuster auf ihre Lebenstauglichkeit hin und entwirft neue Muster, die uns helfen sollen, die Zukunft zu gestalten. Das emotionale Durchspielen alter und neuer Szenarien kann unerwartete Handlungsalternativen aufzeigen. Aus einer Heldenreise zu sich selbst bringt man erstaunliche Selbsterkenntnisse mit, die einem dabei helfen, diese Handlungsalternativen umzusetzen.

Die Heldenreise: Masterplot der Veränderung

Der bekannteste unter den Storytelling-Forschern, Joseph Campbell, hat in seinem Buch »Der Heros in tausend Gestalten« auf ein universelles Erfahrungsmuster der Menschen hingewiesen: die Heldenreise. Er hat damit mehrere Filmemacher, unter anderem Georg Lucas oder die Brüder Wachowski, dazu inspiriert, die Handlung ihrer Filme, wie zum Beispiel »Star Wars« oder »Matrix«, nach dem Muster der Heldenreise zu gestalten. Auch Märchen sind nach diesem Muster gestrickt.

Die Heldenreise: das Muster

Wenn der Ruf des Abenteuers erklingt, traut sich der Held zuerst nicht, ihm zu folgen. Einerseits fasziniert ihn das Neue und Unbekannte, andererseits will er die gewohnte Welt nicht aufgeben. Wenn er sich aber schließlich auf den Weg gemacht, alle Gefahren und Prüfungen überstanden und die eigenen Schwächen besiegt hat, kommt er verändert zurück. Er ist nicht nur um die neuen Erfahrungen reicher geworden, er wird belohnt mit dem Glauben an seine Fähigkeiten und der Lust auf neue Abenteuer. Er überwindet

- Zweifel an eigenen Stärken und Fähigkeiten,
- Angst vor dem Unerwarteten,
- frühere Verletzungen,
- die Macht der Gewohnheit.

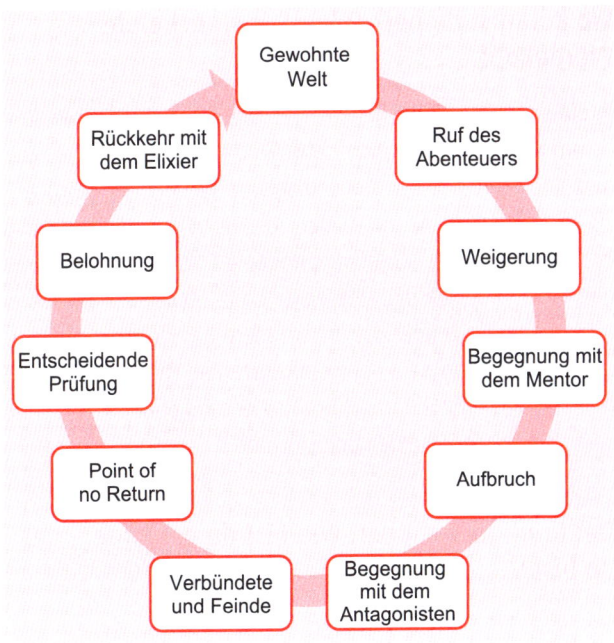

Die Heldenreise

Die Heldenreise bietet dir ein wirksames Modell, deine persönliche Transformation besser zu gestalten und zu steuern. Du kannst deren Struktur anwenden, um deine eigene sowohl berufliche als auch private Entwicklung zu reflektieren und Veränderungen besser zu begreifen. Wir begleiten dich auf den folgenden Seiten dabei.

Wo kommst du her? Oder: Der sprechende Pferdekopf

In einem berührenden Märchen der Gebrüder Grimm, bei dem es um persönliche Identität geht, wird eine Königstochter entmachtet und zu einer Gänsemagd degradiert. Sie wird gezwungen, eine Rolle zu spielen, die nicht ihrer Bestimmung entspricht. Sie wird verraten, betrogen und verleugnet. Doch es gibt einen einzigen und unerwarteten Lichtblick in der Misere. Auch wenn die Feinde das liebste Pferd der kleinen Prinzessin enthauptet haben, sein Kopf kann sprechen. Falada begrüßt sie jeden Morgen mit ihrem echten Namen und erinnert sie daran, wer sie wirklich ist: eine Königstochter.

Der Protagonist, oder: Wie bist du geworden, der du bist?

Ein Held, der einem Ruf folgt, hat eine Vergangenheit. Eine Identität, die sich in den frühesten Jahren seines Lebens entwickelt hat. Jeder von uns hat einen treuen Falada. Es ist eine innere Stimme, die uns vor allem in schwierigen Zeiten daran erinnert, wer wir sind, woher wir kommen und was uns ausmacht.

Bevor wir zu einer Heldenreise aufbrechen, lass uns erst auf zwei wesentliche Etappen deines Lebens zurückblicken. Lass uns genauer den Protagonisten, also dich, kennenlernen, und zurückgehen zum Königreich, aus dem du stammst. Zurück in den magischen Garten deiner Kindheit. Zurück in deine Jugend, in die Bildungszeit deines Herzens.

Der magische Garten

Ende Juni 1997 erscheint in einem kleinen Verlag in London in sehr geringer Auflage von nur 500 Büchern ein Roman, der nur wenige Monate später ein Weltbestseller sein wird. Es ist ein Kinder- und Jugendbuch, doch lesen es und seine Folgebänder weltweit vermutlich mehr Erwachsene als Kinder. Die Hauptfigur des Romans reiht sich ein in die Galerie der ungehorsamen Kinder wie Pippi Langstrumpf, Alice im Wunderland oder Tom Sawyer. Harry Potter ist ein Zauberer und kämpft ähnlich wie Bastian Balthasar Bux oder Momo aus den Romanen von Michael Ende gegen das nihilistische »Nichts«, das Kreativität und Phantasie tötet.

Und damit sind wir wieder bei dir: Die Kindheit erscheint uns oft aus der Perspektive des Erwachsenen als etwas idealisierte, vielleicht schon fremde Welt. Diese Welt war mal wunderschön, aber sicher auch nicht frei von Ungeheuern, die einen verängstigt und die Spiellust madig gemacht haben. Vielleicht gab es auch in deiner Welt »graue Herren«, seelenlose Dementoren, Schweinepriester, die dir kostbare Spielzeit geklaut und Schuld eingeredet haben. Sie haben dich für deine Neugier kritisiert. Sie haben versucht, deine Lebenslust zu dressieren. So wie man einen wilden Orca im Aquapark zwecks idiotischer Kunststückchen zähmt, haben sie deine Wildheit in einen stinklangweiligen Alltag eingesperrt. Es gab Zuckerbrot und Peitsche. Zuneigung für gute Ergebnisse. Zurückweisung für schlechte Leistungen. Missachtung für Träumereien. Jede Menge Realitätssinn obendrauf. Eine exakte Vorbereitung für den Ernst des Lebens.

Sie kamen in deinen magischen Garten voller wunderbarer exotischer Pflanzen und Fabelwesen. Sie haben ihn für sinnlos erklärt. Ihn gerodet. Nutzpflanzen gepflanzt. Verschlungene Wege begradigt und asphaltiert und Kunstrasen ausgerollt. Du wusstest dich nicht zu wehren. Vielleicht sind ja die erfahrenen Gärtner im Recht, dachtest du. Im Lauf der Zeit hast du aufgehört »sinnlos zu spielen«. Nur ab und an warst du in der Freizeit bei einem Rockkonzert, hast im Regen und Schlamm wie blöd herumgetollt, weil du einen Cocktail zu viel hattest. Wenn du Papa oder Mama geworden bist, hast du dich vielleicht mal irgendwo an einem Mittelmeerstrand dabei erwischt, dass das Bauen von Sandburgen dir auf einmal mehr Spaß machte als dem Nachwuchs.

Wenn wir Berufung als Suche nach der Sinngebung und persönliche Reife verstehen wollen, werden wir uns auf die abenteuerliche Rückreise zu unserem magischen Garten aufmachen müssen. Wir werden wieder zu einem Zauberer, einer Zauberin werden müssen. Uns mit kindlichen Elementen unserer Psyche verbinden, die tief verborgen weiterhin in unserem Unbewussten schlummern, und sie wieder zum Leben erwecken. Psychotherapeuten sprechen hierbei von aktiver Imagination, die einen inneren Dialog mit dem Unbewussten ermöglicht. Wir sprechen metaphorisch vom Zugang zu deinem magischen Garten.

Wir hoffen für dich, dass du deinen ursprünglichen magischen Garten wiederfindest und zu einem wilden Paradies machen kannst. Dass du ihn von nun an gegen Angriffe von außen besser verteidigen und immer wieder neue Ideen ernten kannst.

Herzensbildung

Die Teenager sind imstande, die Welt aufzurütteln und zu verändern durch ihre Musik, Mode, ihren Lebensstil und ihre Sprache. Wir denken da an Jugendbewegungen wie die Punks, Grufties, Snowboarder, Surfer oder Skater, YouTuber, Gamer oder Streamer. Teenager wie Greta Thunberg haben die Chuzpe, den Erwachsenen einen Stinkefinger zu zeigen und durch ihr rebellisches Wesen an Werte zu erinnern, die wir vergessen, verdrängt, geleugnet haben.

Pubertät, Adoleszenz bedeutet mehr als »Wegen hormonellen Umbaus vorübergehend geschlossen«. Es ist mehr als eine »schwierige Zeit von emotionaler Instabilität«. Es sollte mit mehr assoziiert werden als mit als Mobbing, Ausgrenzung, Albernheit und Unfug. Denn es steht auch für soziales, politisches Engagement.

Vielleicht ist Pubertät ein Narrativ der schlauen Erwachsenen, um sich dem Verrat der eigenen Werte nicht zu stellen. Vielleicht hat jemand Pubertät und Adoleszenz erfunden, um eine vitale Veränderungsenergie unter Kontrolle zu bringen. Vielleicht ist es also ein B-Movie-Drehbuch der Privilegierten, so wie Narrative der Rassentrennung und der Ungleichheit der Geschlechter, um die Macht zu erhalten. Denn die Jugend findet ohne die alten »Götter« statt. Es ist die Zeit für neue Storys. Die Zeit, in der Träume, Beziehungen und Emotionen sehr ernst genommen werden. Kompromisslos.

Jugend ist eine intensive Zeit der wichtigen Gespräche. Beim chillen, grillen, baden, radeln, chatten und liken. In der Zeit gilt es, der bestehenden Ordnung der Dinge, dem »System«, zu misstrauen. Es gilt, den eigenen Übermut nicht nur bei nächtlichen Eskapaden in einem leeren Schwimmbad freien Lauf zu lassen, sondern sich vollkommen einer Sache zu verschreiben. Sei es der Liebe. Der Bildung. Dem Abenteuer. Dem Klima- und Naturschutz. Der Ekstase. Es ist eine Zeit, die wie geschaffen dafür ist, der etablierten Welt zum Trotz aus dem beengten Rahmen auszubrechen. Oder um den Rahmen selbst zu verändern.

Schau dir deine Teenager-Jahre aus der Perspektive der Herzensbildung an:

- Welche fundamentalen Werte haben sich in der Gruppe deiner Freunde herausgebildet?

- Was hast du damals über die Welt herausgefunden?

- Was hat dich damals emotional bewegt?

Tu diese Zeit nicht ab als ein abgeschlossenes Kapitel, als Zeit der Unreife. Sieh sie vielmehr als die mutige Zeit der wesentlichen Fragen an. Solltest du dich in der Mitte deines Lebens verlaufen haben, findest du vielleicht die Antwort auf die Frage nach dem wesentlichen Sinn des Lebens, wenn du dich an Menschen, Situationen, Tätigkeiten, Gespräche aus deiner Jugend erinnerst.

Raus aus der gewohnten Welt

Ein Waisenkind wächst ganz alleine unter wilden Tieren auf und wird nach vielen Abenteuern und überstandenen Kämpfen zum Dschungelkönig. Das ist eine uralte Erzählung über den Schrecken des Alleinseins und über persönliche Reifung.

Sowohl für Menschen, die den Wandel bejahen, als auch für diejenigen, die sich dagegen wehren, sind Zeiten der Veränderung Krisenzeiten. Der bisherige Lebensentwurf wird infrage gestellt. Erworbenes Wissen und Können sind nicht mehr gefragt. Die bisherigen Lösungen greifen nicht mehr. Wut mischt sich mit Zweifel. Selbstmitleid mit Panik. Zeiten des blinden Aktionismus wechseln sich mit Zeiten der Antriebslosigkeit ab. Vormaliger Sinn verliert an Bedeutung. Werte geraten ins Wanken, Ängste lähmen, Konflikte eskalieren. Erwachsene Menschen fühlen sich in ihrem Selbstwert bedroht. Verlassen und ausgeliefert. Wie ein Kind in der Wildnis.

Geborgen im Wandel

Die Krise als Krise zu sehen und nicht zu leugnen, dass man »verlassen in der Wildnis« ist, ist ein Akt der allergrößten Courage und der erste Schritt hin zur persönlichen Reifung.

Die ehrliche Auseinandersetzung mit den eigenen Gefühlen. Abschiednehmen von Denkroutinen und Ablenkungsmanövern. Aufgeben von Wunschdenken. Das alles tut weh, doch es bedeutet gleichzeitig Befreiung vom schweren Ballast der alten Geschichten. Loslösen von brüchigen Gewissheiten und faulen Kompromissen. Die Fassade muss nicht mehr aufwendig übermalt werden, wenn dahinter ein echter Mensch steckt. Sich trotz eigener Verletzlichkeit auf eine neue Geschichte einzulassen, macht unser Leben lebens- und erzählenswert.

Ruf des Abenteuers

In der Heldenreise wird ein Protagonist aufgefordert oder gezwungen, seine gewohnte Welt zu verlassen. Die Story ist nur dann erzählenswert, wenn er oder sie dem Ruf ins Unbekannte folgt, aus der Komfortzone ins Ungewisse aufbricht.

Rocky ist ein Loser und will einen Boxkampf gewinnen, Julia will ihren Romeo treffen, Romeo seine Julia, trotz Familienzwist. Manchmal wird der Held mit etwas konfrontiert, was ganz und gar nicht nach Abenteuer klingt: Aliens, Naturkatstrophen, widerlicher Schwiegervater oder eigene Sucht. Er muss einen Verlust verkraften oder eine Krankheit besiegen. Manchmal begegnet er zum ersten Mal einer wahren Liebe. Und manchmal will er dem Traum vom persönlichen Glück folgen: Wein anbauen, Schafe hüten, das Leben lieben. Der Ausbruch aus der Komfortzone bedeutet, das Verlassen-Sein in der Wildnis zu akzeptieren und der Veränderung mit einer Haltung zu begegnen, die wir »geborgen im Wandel« nennen. Einem Ruf ins Ungewisse zu folgen, ist immer eine Herausforderung. Doch keine Angst. Vertraue deinen Erfahrungen. Dein Leben hat dich auf dieses Abenteuer gut vorbereitet. Wir alle sind spätestens seit der Pandemie Meister:innen im Bewältigen von Veränderungen.

Anregungen zur Reflexion

- Es wird und es soll sich etwas ändern – und warum soll ich dabei sein?
- Kommt der Ruf von innen oder von außen?
- Was wird sich in meinem beruflichen und/oder persönlichen Kontext ändern, wenn ich diesen Ruf als Held oder Heldin annehme?
- Wie wird es beruflich und/oder persönlich weitergehen, wenn ich den Ruf nicht annehme? Welche negativen Folgen sind denkbar?
- Will ich den Ruf annehmen? Wenn ja, wieso? Wenn nein, wieso nicht?
- Inwieweit bin ich bereit, Unsicherheiten anzunehmen?
- Was will ich auf keinen Fall aufgeben und wie kann ich bewahren, was mir wichtig ist?
- Wo bemerke ich bei mir Widerstand? In Bezug worauf?
- Wovor schützt mich mein Zögern?
- Wann und wie habe ich in der Vergangenheit eine schwierige Entscheidung getroffen, wofür ich mir gratulieren kann – auch wenn ich vielleicht keinen Erfolg damit hatte?
- Wann und wie habe ich eine schwierige Prüfung bewältigt, ein schwieriges Problem gelöst?
- Wann habe ich das letzte Mal vor dem Spiegel gestanden und mir ins Gesicht sagen können: »Mensch, Respekt! Ich habe diesen beschissenen Tag/diese Konfliktsituation bewältigt, ohne großen Schaden anzurichten.«
- Wie gelang es mir bisher, Schicksalsschläge und Krisen zu bewältigen? Was habe ich daraus gelernt? Welche Talente und Fähigkeiten habe ich dabei (wieder)entdeckt?

Anregungen zur Reflexion

- Wann gelang es mir, Sinnloses zu unterbrechen oder einen Plan aufzugeben, um meiner Intuition (Erfahrung + kreative Intelligenz) zu folgen und zu improvisieren?
- Wann und wie habe ich mich in meinem Leben verrannt oder verlaufen? Wie habe ich mich ausgebremst? Was habe ich getan, um den richtigen Weg zu finden?

Weigerung

Es ist nie einfach, eine Entscheidung zu treffen, die eigene und fremde Denk- und Handlungsmuster herausfordert. Oft weigert sich der Held oder Heldin, dem Ruf des Abenteuers, einem äußeren oder inneren Auftrag zu folgen. Dafür kann es vielerlei Gründe geben: vergangene Niederlagen und Kränkungen, Zweifel an den eigenen Fähigkeiten, Angst vor dem Unerwarteten, die Macht der Routine. Auch die Weigerung hat viele Gesichter: Der Held oder die Heldin zieht sich zurück, geht in die Wüste oder auf den Berg. Die einen bleiben lange in der Bar sitzen wie Rick aus »Casablanca«, um der Wahrheit aus dem Weg zu gehen. Andere fliehen sogar vor der Verantwortung. So wie der biblische Jonas, der sich weigert, seiner Berufung als Prophet zu folgen, und vor Gott flüchtet.

Nur dumme Helden aus B-Movies zweifeln nicht. Nur in miserablen Horrorfilmen geht eine Figur, wenn sie ein Grunzen und Röcheln auf dem Dachboden hört, nachschauen, ob dort wirklich ein Killermonster lauert.

Die Weigerung in all ihren Erscheinungsformen gehört zu unserem Dasein wie das Schlafbedürfnis und Zahnschmerzen. Gerade der Moment der Weigerung, des Stillhaltens, des in sich Gehens macht uns zu reflektierten und reifen Menschen und unterscheidet uns von klischeehaften Super Heroes mit magischen Kräften und Spatzenhirn.

Unsere Verletzlichkeit macht uns kreativ. Angst, Trauer und Verzweiflung, die nicht verdrängt und verleugnet, sondern wahrgenommen werden, können uns als Inspirationsquellen dienen.

Anregungen zur Reflexion

- Was lenkt dich ab oder hindert dich meistens daran, etwas zu verändern?
- Was sind deine größten Ängste und Sorgen, wenn du in die Zukunft schaust?
- Welche Techniken setzt du ein, um deine Ängste kreativ zu nutzen, statt dich von ihnen lähmen zu lassen?
- Mit welchen Aussagen sabotieren dich deine inneren Monster oder inneren verletzten Kinder?
- Maulkorb oder Redefreiheit – welche Techniken setzt du ein, damit das innere Panikgeschwätz nicht die Macht übernimmt?
- Wann und wie ist es dir gelungen, deine größte Angst zu besiegen?
- Wann und wie ist es dir gelungen, deine größten Selbstzweifel zu überwinden?
- Wann und wie bist du das letzte Mal mit dir ins Gespräch gekommen, ohne mit dir zu hadern, ohne Selbstvorwürfe, eigene und fremde Schuldzuweisungen?
- Hast du Techniken gelernt, um deine Gedanken und Gefühle zu beobachten und zu sortieren?

Der Mentor, die Mentorin

Jeder von uns hatte in seinem Leben schon einmal einen Mentor, eine Mentorin. Jemand, der in dir etwas gesehen hat, was du selbst noch nicht geahnt hattest. Eine Gestalt, die an dir interessiert ist. Ein Mensch, der dich zum eigenständigen Denken und selbstbewussten Handeln ermutigt hat. Der dir einen wertschätzenden Tritt in den Hintern verpasst oder wohlwollend Grenzen aufgezeigt hat. Jemand, der dir in einer schwierigen Lage ungemein Kostbares angeboten hat: seine Zeit und seine Aufmerksamkeit.

So wie König Arthus dem Zauberer Merlin begegnete und der Träumer Walt Disney in seinem älteren Bruder Roy Oliver einen langjährigen Berater fand, begegnest du, wenn du beschlossen hast aufzubrechen, garantiert einem Mentor. Das ist ein Archetyp, eine universelle Konstante des menschlichen Daseins. Warum? Ganz einfach: Menschen, die etwas unternehmen wollen, die einen Auftrag zu erfüllen haben oder einer Vision folgen, strahlen, auch wenn sie straucheln und zweifeln, Tatkraft und Zuversicht aus. Sie üben Anziehungskraft auf andere aus, auch auf Mentor:innen, die ihre Kraft nicht verschwenden wollen. Denn diese folgen auch einem Ruf. Ihre Mission ist es, denjenigen, die sich auf den Weg gemacht haben, immer wieder Mut zuzusprechen und sie vor Versuchungen, Ablenkungen und Selbsttäuschungen zu warnen.

Auch die eigene innere Stimme kann eine Mentorin für dich sein. Deine früheren Erfahrungen und Werte können dir Mut machen und die Sinnhaftigkeit deines Handelns erklären (schau dir dazu am besten noch einmal die Übung im Kap. »Werte« an).

Anregungen zur Reflexion

- Sieh dich um: Wer könnte dein Mentor sein?
- Wer aus deiner nächsten Umgebung, den du im ersten Augenblick nicht um Rat fragen würdest, ermutigt dich dazu, etwas zu verändern?
- Mal angenommen, es gäbe unterschiedliche Seiten von dir, welche Seite davon könnte als ein guter Berater fungieren? Wenn es die beste Version deiner selbst gäbe, was würde dir diese Seite angesichts einer Veränderung raten?

Der Antagonist

Jeder Held hat seinen Gegenspieler. Im Innen wie im Außen. Kaum hast du entschieden etwas zu tun, werden sich dir Menschen oder Gruppen in den Weg stellen, die nicht nur deine Intention und deinen Plan bezweifeln, sondern ihn mit allen Mitteln bekämpfen.

Manchmal wohnt der schlimmste Feind gleich nebenan. Ein vermeintlicher Freund, der dich aus falsch verstandener Sorge aufhält. Der dir einen goldenen Käfig anbietet, einen ewigen Rückzugsort in der Provinz der Gemütlichkeit und des Stumpfsinns. Ein falscher Freund, der dir irgendwann vorwerfen wird, dass du deinen Weg schon gemacht hättest, wenn du es wirklich gewollt hättest.

Manchmal bist du dir selbst der größte Feind. Du misstraust dir, beschimpfst dich, entmachtest dich. Du wirst ironisch, zynisch.

Bleibst auf dem Sofa, beschimpfst die Welt, hältst andere auf, warnst, klärst auf, dass es unsinnig ist etwas zu verändern. Weil nichts einen Sinn hat. Weil wir eh kontrolliert werden von Konzernen, Regierungen oder Eidechsen aus dem All.

Feinde können übermächtig und in der Überzahl sein wie Zombies oder besonders böse und raffiniert wie Diktatoren. Die Welt ist voller Kampfschauplätze. Menschen kämpfen gegen Krebs, Dummheit oder für ein Tempolimit, die Natur und gesunde Ernährung.

Egal für welche Art von engagiertem Leben du dich entscheidest –ein Antagonist wird sich immer melden. Das Gute an einem Feind ist Klarheit. Die Konfrontation mit den Antagonisten klärt dein echtes Anliegen. Sie stellt deine Berufung infrage. Der Fight legt veraltete Denk- und Handlungsmuster frei. Zeigt dir deine Schwächen auf. Vielleicht macht er dir deine übermäßige Angst vor Gefühlen, fehlende Disziplin oder deinen Hochmut offenbar.

Die Schwächen gilt es dann im Verlauf der Heldenreise wahrzunehmen, zu überwinden und eigene Stärken zu entdecken und zu vertrauen. Denn dies ist die wahre Herausforderung, vor der ein Held steht. Das Auftauchen eines Feindes ist der beste Beweis dafür, dass du dein Sofa verlassen hast. Keine Veränderung ohne Widerstand.

Frag dich: Welcher Typ Mensch, welches Verhalten bringt dich auf die Palme? Was schätzt du daran?

Verbündete

Lange Zeit waren Menschen dazu gezwungen oder fühlten sich dazu verpflichtet, einer Gemeinschaft zu dienen: Stämmen, Familien, Organisationen, Vereinen und Gilden. Gruppenidentität bot zwar Sicherheit, verlangte dafür jedoch Gehorsam gegenüber den Regeln. Loyalität und Opferbereitschaft schienen Autonomie zu unterdrücken. Heute versuchen wir als aufgeklärte Menschen sowohl das Bedürfnis nach Zugehörigkeit als auch das Bedürfnis nach Autonomie auszubalancieren und zu verhandeln. Mit unterschiedlichem Erfolg.

Helden sind keine Egoshooter. Sie können andere für sich begeistern und dazu einladen, sich gemeinsam auf die Suche zu machen. Sie knüpfen Kontakte, sind neugierig auf Lebensentwürfe der anderen. Sie netzwerken und teilen sich mit. Sie hören aufmerksam zu und wollen andere verstehen. Wie in Volksmärchen nehmen sie vermeintlich banale Geschenke von anderen an, die sich im weiteren Verlauf der Reise als hilfreich erweisen werden.

Es gibt Reisegefährten, die bei der Bewältigung von Aufgaben unterstützen, Verbündete, die einem ungefragt die Drecksarbeit abnehmen, die mit einem kostbaren Hinweis weiterhelfen. Manchmal sind das unterschätzte oder fehleingeschätzte Menschen, unauffällige Arbeitskollegen oder Nachbarn, vermeintliche Bedenkenträger. Sogar Feinde können es sein.

- Was brauche ich als Held oder Heldin, um mich auf die Reise zu begeben?
- Wer oder was könnte mich auf der Reise unterstützen oder stärken?
- Gehe ich mit Buddys auf die Reise oder alleine? Schließe ich mich einer Gruppe an, die dasselbe Ziel hat?
- Was macht mich als einen guten Freund aus?
- Wie treffe ich wichtige Entscheidungen? Welche Methoden setze ich dabei ein?
- Wie agiere ich in den Gruppen? Welche Rolle wird mir oft zugewiesen? Welche Rolle würde ich gerne öfter in der Gruppe übernehmen?
- Wie trete ich vor Gruppen auf?
- Welche stärkenden Erfahrungen habe ich in einer Gruppe gesammelt?

Wendepunkte und Konflikte

Der Protagonist einer Heldenreise muss unzählige Prüfungen bestehen. Er muss Versuchungen erkennen und ihnen widerstehen. Er muss richtige Entscheidungen treffen, und, was noch schwieriger ist, falsche Entscheidungen revidieren. Sein bisheriges Wissen und seine bisherigen Erfahrungen werden infrage gestellt. Er wird vermeintlich richtige Fährten verlassen, in Sackgassen landen, nach Auswegen suchen. Das bedeutet Konfliktpotenzial.

Jede Veränderung ist ein Nährboden für innere und äußere Konflikte. Die bisherigen Werte geraten ins Wanken, eine Achterbahnfahrt der Emotionen beginnt. Dies bedeutet für jeden von uns, eigene Strategien der Konfliktlösung zu überprüfen und frühzeitig zu erkennen, dass Konflikte sowohl zerstörerisches als auch kreatives Potenzial haben.

In jeder erzählenswerten Geschichte gibt es einen Point of no Return. Es ist der Moment, in dem sich ein Protagonist trotz aller seiner Ängste und Zweifel dafür entscheidet, sich auf seine Stärken zu verlassen, die inneren Monster bändigt und sich selbst vertraut.

Nach Überschreiten dieses Punkts kommt es, der Logik einer Veränderung folgend, zur finalen Prüfung. Eine Medizinerin kämpft um ihre Approbation, eine junge Führungskraft um die Anerkennung ihrer Mitarbeiter. Eine Theaterregisseurin zittert der ersten Premiere entgegen. Ein Softwareentwickler hofft auf eine möglichst fehlerfreie Implementierung. In den Stunden vor der entscheidenden Prüfung gibt es oft retardierende Momente des äußeren Stillstandes, des bangen Wartens. In dieser dramatisch wichtigen Verschnaufpause überfallen einen Helden noch einmal Zweifel. Der Ruf aus der gewohnten Welt mobilisiert einen ganzen Chor an zweifelnden und kritischen Stimmen, um die Veränderung doch noch aufzuhalten.

Wenn du in einer solchen Situation wohlwollend auf dich und deine bisherigen Erfahrungen blickst und dankbar deine Weggefährten, Mentorinnen und auch Feinde betrachtest, dann gibt es einen Moment der inneren Ruhe. Diese Ruhe beschreiben viele Menschen, die eine Veränderung gemeistert haben, als nach Hause oder zu sich kommen. Sie empfinden sie als eine innere Klarheit, als inneres Leuchten, als Erfüllung der Berufung. Dieser Moment ist der echte Höhepunkt einer Heldenreise.

Anregungen zur Reflexion

- Welches sind meine größten Ängste?
- Was sind meine Befürchtungen? Wo könnten Klippen und Stolpersteine sein?
- Welches könnten die schlimmsten Ereignisse sein, die eintreten?
- Zu welchem Konfliktverhalten tendiere ich? Welche Techniken der Konfliktanalyse und -klärung setze ich bewusst ein?
- Welche Stressbewältigungsstrategien wähle ich gerne? Robuste Verhaltensmuster, mit denen ich versuche, mich der Realität zu entziehen?
- Was tue ich, wenn ich kritisiert werde?
- Wie reagiere ich bei Niederlagen, Fehlern und Scheitern?
- Wie gehe ich mit Enttäuschungen und Fehlern der anderen um, die einen Einfluss auf meine Tätigkeit haben?

Belohnung und Rückkehr

Schließlich erreicht der Held sein Ziel. Pinocchio findet seinen Vater wieder und aus einem Stück Holz wird ein Mensch. Rocky verliert zwar seinen Boxkampf, findet aber zu Selbstachtung und Liebe. Der Held stellt sich dem Abenteuer Leben oder, wie Viktor Frankl, der Urvater der Existenzanalyse, es einst klug sagte: Er versucht die Fragen, die ihm das Leben gestellt hat, aufrichtig zu beantworten, statt sich zu verkriechen, zu lamentieren oder davonzulaufen. Er versucht, sich seinem Schicksal zu stellen.

In den populären Geschichten bringt der Held etwas sehr Wertvolles von seiner Reise zurück: Feuer, Freiheit, das ewige Leben. Er gewinnt den Respekt der anderen. Die größte Belohnung ist allerdings seine Verwandlung. Auch wenn er sich manchmal in dem selbst erbauten Labyrinth verlaufen hat und nicht nur den Bauplan, sondern auch noch den roten Faden verloren hat, gibt er sich dem Hadern nicht hin. Ein Bild, ein Satz meldet sich dann. Erinnert ihn an seine Mission. Seine Bestimmung. Er ist sich selbst und der Welt gegenüber aufmerksamer geworden. Achtsamer. Klarer. Überzeugender. Erfüllter. Er ist gereift. Er ist sich seiner selbst bewusst geworden. Nun ist er bereit für eine heiße Tasse Tee, ein Gespräch am Feuer, eine Mütze voll Schlaf. Er strahlt Ruhe und Zuversicht aus, denn er ist der Lebenskraft in sich begegnet, vor der er sich lange gefürchtet hatte.

Erfahrene Filmproduzent:innen fragen junge Autor:innen oft nicht nach dem Anfang, sondern nach dem Ende der Story. Lass uns also vom Ende her auf deine neue Storyline blicken:

- Welche Erkenntnisse wirst du auf dieser Reise haben?
- Was wirst du als Held lernen können?
- Welche Erfahrungen wirst du nach der Reise haben?
- Was wirst du nach der Reise besser können als vorher?
- Welche Potenziale werden sich in dir entfalten?
- Welche Veränderung wirst du gemeistert haben?
- Was wird in deinem Leben anders sein als vorher?
- Wofür wird es Anerkennung geben, wenn du diese Reise abgeschlossen hast? Von wem?
- Wie kannst du mit deinem Tun selber für Anerkennung sorgen?

Transformationsdesign

Wir stellen dir hier eine kreative Vorgehensweise vor, die dich deiner Berufung näherkommen lässt. Diese Methode haben wir vom Design Thinking abgeleitet, das heute im agilen Zeitalter von Unternehmen und Kreativen genutzt wird, um Innovationen und kreative Prozesse anzustoßen. Wir tendieren dazu, alles akribisch zu planen und nie mit der Umsetzung anzufangen. DEN richtigen Moment gibt es nicht. Oder wir lassen uns treiben und sind erstaunt, dass wir nicht unser Leben leben, sondern das des Nachbarn.

Mithilfe von Transformationsdesign findest du heraus, wie du deine Ideen in kleinen Schritten und Erlebnissen umsetzen kannst und so deinem Wunschzustand näherkommst. Du musst dein Leben damit nicht radikal und dramatisch ändern, sondern kannst deine Ideen in kleinen Experimenten erforschen und dann konstant in dein Leben integrieren.

Die sieben Phasen des Transformationsdesigns	
1. Phase	Mit Empathie beobachten und verstehen
2. Phase	Fokus-Frage formulieren
3. Phase	Kreative Ideen zulassen
4. Phase	Mögliche Verhinderer identifizieren
5. Phase	Prototyping – Experimente umsetzen
6. Phase	Feedback und Lernen
7. Phase	Transfer in den Alltag

Du kannst diese Phasen entweder allein, mit einer Freundin oder mit einem Team durchlaufen. Anhand des Beispiels von Alisha zeigen wir dir, wie das aussehen könnte.

BEISPIEL: ALISHA

Alisha, 29 Jahre alt, arbeitet in einer Unternehmensberatung und merkt, dass sie sich nur noch auf das Wochenende freut. Sie will es nicht wahrhaben, denn sie hat schließlich vor drei Jahren ihren Traumjob bekommen.

Phase 1: Sich selbst mit Empathie beobachten

Was steckt wirklich hinter deinen Herausforderungen oder hinter deinen Wünschen? In dieser Phase geht es darum, mithilfe von Selbstwahrnehmung und Reflexion Situationen besser zu verstehen. Das gelingt durch deren genaue Beschreibung.

Du kannst in dieser Phase entweder deine Problemsituation oder deine Wünsche erforschen – auf vier verschiedenen Wegen, die wir dir im Folgenden vorstellen:

Weg 1: Analyse der Problemsituation – das Problem bewundern

Nimm dir Zeit zum Nachdenken und reflektiere: Wenn ich an die Problemsituation in meinem Berufsalltag denke, …

- was sehe ich?

- wer oder was umgibt mich: Menschen, Situationen, Dinge?

- was fühle ich? Welche inneren Bilder habe ich? Innere Bilder können z. B. durch Visualisierungen dargestellt werden.

- was tue ich? Was sage ich? Welche typischen Sätze fallen dann?

BEISPIEL: ALISHA BESCHREIBT DIE PROBLEMSITUATION

»Ich gehe in der Früh gut gelaunt ins Büro. Doch sobald ich im ersten Meeting sitze, zieht sich mein Magen zusammen und der Nacken schmerzt. Die Menschen um mich herum unterhalten sich vor allem darüber, wer was besser kann und wer gewonnen hat. Ich selbst verstumme, sobald ich mich in dieser Welt bewege.«

Weg 2: Die eigenen Wünsche verstehen

Was steckt hinter deinen Wünschen? Was sind die Annahmen dahinter, deine wirklichen Bedürfnisse? Um das herauszufinden, kannst du das **AEIOU**-Werkzeug nutzen, eine Reflexionstechnik (angelehnt an die Design-Thinking-AEIOU-Methode von Rick Robinson).

Das AEIOU-Tool	
Activities	Welche Aktivitäten machen dir Freude? Was ist deine Rolle dabei?
Environment	Wo fühlst du dich wohl? Wie ist das Gefühl an einem bestimmten Ort?
Interaction	Welche Interaktionen mit anderen stärken dich?
Objects	Woran hast du Freude? Was macht die Freude aus?
Users	Mit wem unternimmst du gerne etwas? Welche Menschen bringen dich weiter?

Weg 3: Die persönliche Inventur

Beantworte folgende Fragen: Was macht mich aus? Was sind meine Stärken, Werte, Fähigkeiten? Welche Tätigkeiten versetzen mich in den Flow? Konkrete Übungen dazu findest du im Kap. »Verborgene Schätze finden«.

Weg 4: Feedback von anderen einholen

Überlege dir Fragen zu deiner Person und bitte deine Umgebung, dir Antworten darauf zu geben. Fragen können z. B. sein: Wie nimmst du mich wahr? Was sind meine Stärken? Welche Werte und Begriffe assoziierst du mit mir?

Es ist sehr spannend, seine Eigenwahrnehmung um die Fremdwahrnehmung zu erweitern.

Phase 2: Fokus-Frage formulieren

Die Selbstreflexion aus Phase 1 hat dir vielerlei Ergebnisse beschert. Nun geht es darum, sie zu strukturieren, um den Kern des Problems herauszufiltern, einen Fokus für die nachfolgenden Phasen zu setzen.

Trag die Ergebnisse aus Phase 1 in eine Mindmap wie die folgende ein.

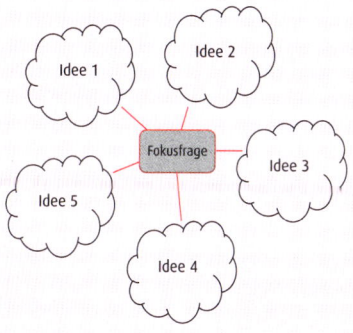

Mindmap – ein Beispiel

Schau dir die Mindmap genau an. So entwickelst du noch mehr Verständnis für die jetzige Situation. Formuliere dann für dich selber den Kern der Problemstellung mithilfe einer Fokusfrage. Hier sind drei mögliche Fokusfragen für das Beispiel von Alisha:

1. Wie kann ich meine jetzige Arbeit so verändern, dass ich wieder Freude daran habe?
2. Wie kann ich eine Tätigkeit finden, in der ich mit vielen Menschen zu tun habe?
3. Wie kann ich meinen Wunsch »soziale Projekte initiieren« umsetzen und auch noch davon leben?

Alisha entscheidet sich für die Frage Nr. 3.

Phase 3: Kreative Ideen zulassen

In dieser Phase kannst du deiner Kreativität freien Lauf lassen. Wichtig dabei ist, dass du alles zulässt, was möglich ist: ganz einfache oder auch verrückte Ideen. Ebenso wichtig: Schick deinen inneren Kritiker in den Kurzurlaub. Sei wohlwollend dir selbst gegenüber, wenn du nicht gleich vor Ideen sprudelst. Ein kreativer Prozess darf durchaus länger dauern. Hilfreich für diese Phase ist die innere Haltung »Ja, genau ... und« aus dem Improvisationstheater (mehr dazu im Kap. »Lass dich von dir selbst überraschen«).

> Du merkst, dass deine inneren Blockaden sehr groß sind und es dir schwerfällt, kreativ zu arbeiten? Dann gehe zunächst zur Phase 4 und nimm wahr, was deine Verhinderer sein könnten.

Wir haben dir hier einige Kreativitätstechniken zusammenge-stellt. Du kannst jedoch auch ganz andere wählen.

▪ **Kreativ-Collage:** Kauf ein paar Zeitschriften mit vielen Bil-dern. Schneide Bilder, die dich ansprechen, aus und klebe sie auf ein großes Blatt Papier. Versuch intuitiv zu arbeiten, denk nicht lang nach. So kann eine Kreativ-Trance oder ein Flow entstehen. Schau dir die Collage an und frag dich: Was macht mich aus? Was ist meine Berufung? Was sind mei-ne Werte, Wünsche, Potenziale? Stell dir Fragen, die für dich relevant sind. Du kannst deine Gedanken mithilfe deines Smartphones aufnehmen.

▪ **Die Walt-Disney-Stühle:** Stelle drei Stühle im Raum auf, die für jeweils drei unterschiedliche Perspektiven stehen: die des Träumers, des Realisten und die des Kritikers. Setz dich nach-einander auf die verschiedenen Stühle und überlege laut.

   – **Auf dem Stuhl des Träumers:** Hier kannst du alles be-schreiben, was du an Visionen und Träumen hast. Deine größten Sehnsüchte und Wünsche. Begrenze dich nicht, träume groß, denn hier ist alles möglich.

   – **Auf dem Stuhl des Realisten:** Was habe ich denn schon alles an Fähigkeiten, Ressourcen und Möglichkeiten, um meine Wunschträume und Ziele umzusetzen? Was brauche ich noch, was würde mich noch unterstützen? Was könnten nächste Schritte sein?

– **Auf dem Stuhl des Kritikers:** Was halte ich als Kritiker von den Vorstellungen der beiden anderen? Haben sie etwas übersehen? Was könnte im schlimmsten Fall geschehen? Was funktioniert gar nicht?

- **Analogie-Arbeit:** Wenn ich ein Auto, eine Landschaft, eine Stadt, eine Zeitschrift wäre, was wäre ich? Schreibe auf, was dir dazu einfällt. Du kannst auch ganz andere Analogien nehmen.

- **Interview mit der besten Version von dir selbst:** Angenommen, es gibt eine Seite in dir, die weise und reflektiert ist, und du würdest sie befragen: Welche Impulse erhältst du dann? Schreibe alles auf, auch wenn es erst einmal keinen Sinn ergibt. Erlaube dir, assoziativ zu arbeiten.

Jetzt kannst du deine gesammelten Impulse strukturieren und dann die Idee aussuchen, die du weiterverfolgen willst.

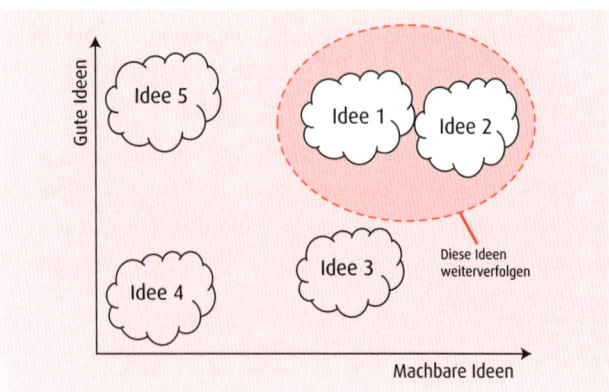

Welche Idee willst du weiterverfolgen?

Phase 4: Mögliche Verhinderer identifizieren

In dieser Phase geht es darum, Annahmen nachzuspüren, mit denen du dich selber begrenzt und klein hältst: Welche inneren Haltungen und Glaubenssätze könnten dich daran hindern, kreativ zu sein oder die Idee umzusetzen? Glaubenssätze sind Annahmen und Verallgemeinerungen, die wir in der Vergangenheit durch Erziehung oder unsere Erfahrungen verinnerlicht haben.

Schreibe all die inneren Stimmen auf, die dich kritisieren. Zeichne Busreisende, eine Schiffscrew, eine Sportmannschaft, um deine negativen Glaubenssätze zu personifizieren. Versehe sie mit den passenden Sätzen, wie z. B.: »Du bist nicht kreativ«, »Du kannst nicht malen«, »Das schaffst du nie!«, »Das muss perfekt sein!«, »Du bist nicht gut genug.«

Lass dich auf ein Experiment ein: Wie wäre es, wenn diese inneren Stimmen nur Angst haben, dass du dich weiterentwickelst und deine Komfortzone dehnst? Wie wäre es, wenn du deinen Gedanken einen Tag lang mal nicht glaubst? Probiere es aus!

Wenn du magst, kannst du dir stärkende innere Sätze kreieren, die du als innere Haltung bewusst wählst. Sätze wie diese:

- »Ich bin wichtig und höre auf meine Bedürfnisse.«
- »Ich bin okay, auch wenn mir nicht alles gelingt.«

Was könnte dein stärkender Satz sein? Entwickle eine Headline, die du als innere Haltung einnehmen willst. Wähle dann immer öfter ganz bewusst diese innere Haltung und nimm wahr, wie du durch den Tag gehst.

Phase 5: Prototyping – Experimente machen

Hier heißt es: ausprobieren – ausprobieren – ausprobieren.

Es ist wichtig, dass die Umsetzung so wenig wie möglich Aufwand beansprucht. So wird es wahrscheinlicher, dass du deine Idee auch wirklich umsetzt. Geh also kleine Schritte, statt dir eine große Heldentat vorzunehmen. Welche kleinen Schritte kannst du machen, um deinem Wunschtraum näherzukommen?

Möglichkeiten für Experimente
▪ Im Internet recherchieren – sich Zeit zu nehmen für seine Herausforderung ist schon ein erster Schritt.
▪ Beobachten
▪ Viele Gespräche führen mit Personen, die mit deinem Ziel zu tun haben
▪ Einen Nebenjob oder ein kleines Projekt starten
▪ Ehrenamtlich arbeiten
▪ Ein Praktikum machen

BEISPIEL: ALISHA EXPERIMENTIERT

Alisha arbeitet einen Monat lang ehrenamtlich für einen Sportverein, zum Teil neben ihrem Hauptberuf, zum Teil nutzt sie ihren Urlaub dafür. Durch diese Aktion möchte sie erfahren, ob ihr das Umfeld in einer sozialen Organisation überhaupt zusagt.

Phase 6: Feedback und Lernen

In dieser Phase ist wieder Selbstreflexion angesagt. Nachdem du das Experiment umgesetzt hast, kannst du dir folgende Fragen stellen:

- Was habe ich erfahren?
- Was hat gut funktioniert, was weniger?
- Kann ich ein Fazit daraus ziehen?
- Was kann ich daraus lernen?
- Was könnte für mich jetzt der nächste sinnvolle Schritt sein?

Phase 7: Kontinuität etablieren

Die große Herausforderung an einer Verhaltensänderung ist, dass du sie auch wirklich beibehältst. Wir geben dir hier einige Techniken mit auf den Weg, die es dir leichter machen, dein Vorhaben in den Alltag zu transferieren.

- **Challenge mit dir selber:** Wiederhole eine neue Handlung, ein Verhalten 30 Tage lang. Lege vorher fest, womit du dich am Ende der 30-Tage-Challenge belohnst.

- **Lernbuddys:** Schaff dir Verbündete und teile ihnen mit, was dein Vorhaben ist. Macht regelmäßige Termine aus, zu denen dich deine Buddys fragen, ob du die Schritte auch wirklich umsetzt.

- **Sichtbare Anker platzieren:** Visualisiere deine Umsetzungsschritte an gut sichtbarer Stelle, so z. B. als Liste am Kühlschrank, am Spiegel.

- **Die 3-Minuten-Technik**: Fokussiere dich morgens nach dem Aufstehen 1 Minute lang: Was nehme ich mir heute vor? Worauf will ich achten? Was setze ich um? Überleg am Mittag 1 Minute lang: Was habe ich schon umgesetzt? Oder habe ich noch nichts unternommen? Werte abends 1 Minute lang aus: Habe ich es umgesetzt?

IKIGAI – der Sinn des Lebens

Es geschah in einem kleinen Dorf in der Nähe von Osaka. Eine Frau träumte, sie wäre tot. Auf der Wanderung ihrer Seele hörte sie plötzlich die Stimmen ihrer Vorfahren: »Wer bist DU?«, fragte eine der Stimmen. »Ich bin die Frau des Bürgermeisters«, antwortete sie. Da antwortete die Stimme: »Ich will nicht wissen, wessen Frau du bist – ich will wissen, wer DU bist!« Da sagte die Frau: »Ich habe vier Kinder.« Eine andere Stimme erwiderte zornig: »Ich will nicht wissen, wie viele Kinder du hast! Ich will wissen: Wer bist DU?« Da sagte die Frau: »Ich bin eine Lehrerin.« Wieder erhielt sie als Antwort: »Ich will nicht wissen, welchen Beruf du ausübst, sondern wer DU bist!« So ging es immer weiter, bis die Frau sagte: »Ich bin diejenige, die jeden Tag aufwacht und sich darüber freut, andere in ihrer Entwicklung zu unterstützen.« Am nächsten Morgen erwachte sie bei Sonnenaufgang und spürte ein tiefes Gefühl von Sinn und Erfüllung. Die Frau hatte ihr IKIGAI entdeckt.

IKIGAI (IKI = Leben, GAI = wirksam) ist eine Jahrhunderte alte japanische Lebensphilosophie. Sie beschäftigt sich mit dem Sinn des Lebens. Ihr Ziel ist es, sich das Leben zu erschaffen, auf das wir uns jeden Tag aufs Neue freuen, das für uns lebenswert ist – das Glück des Seins. Ein Leben voller Motivation, Freude und Lebendigkeit.

Wir stellen dir hier eine Interpretation des ursprünglichen japanischen IKIGAI vor, die angepasst ist auf unser Berufsleben.

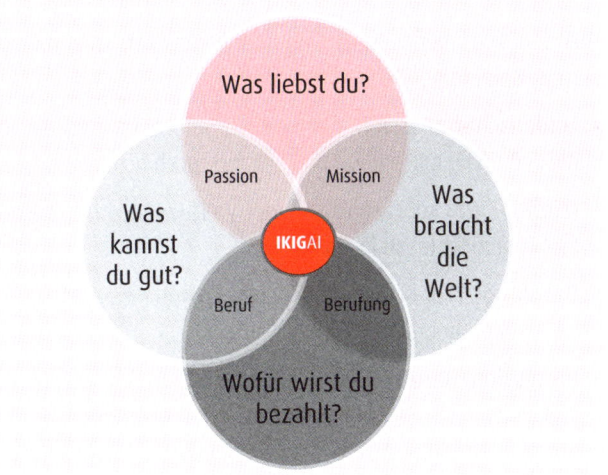

IKIGAI – angepasst auf das Berufsleben

Aus dem in der Grafik dargestellten Modell wird ersichtlich, dass die Philosophie aus vier sich überschneidenden Hauptbestandteilen besteht.

1. **Was du liebst:** Wann bist du im Flow? Worüber kannst du dich stundenlang unterhalten?

2. **Was du gut kannst:** Was kannst du besser als andere? Was sind deine Stärken und Talente? Welche Ausbildungen und Qualifizierungen hast du?

3. **Wofür du bezahlt wirst:** Welche Einkommen hast du? Wofür kannst du in Zukunft bezahlt werden?

4. **Was die Welt von dir braucht:** Was ist dein Beitrag? Was macht für dich Sinn? Welches Problem kannst du lösen?

Aus den sich überlappenden Themenkomplexen könnten sich zum Beispiel folgende Fragen ergeben:

- **Leidenschaft/Passion:** Bei welchen Tätigkeiten vergesse ich die Zeit und bin im Flow – und bin auch noch richtig gut darin?

- **Mission:** Was möchte ich auf der Welt verändern? Welches Problem möchte ich lösen?

- **Berufung:** Was braucht die Welt und wofür werden meine Fähigkeiten gebraucht?

- **Profession/Beruf**: Wofür werde ich bezahlt? Mit welcher Fähigkeit kann ich Geld verdienen? Welchen Mehrwert biete ich mit meinen Dienstleistungen bzw. mit meinen Produkten?

IKIGAI ist geprägt von einer meditativen und achtsamen Vorgehensweise. Das unterscheidet sie von anderen Methoden. Am besten machst du die folgenden Übungsschritte mit dieser inneren Haltung:

- Gehe in einen entspannten Zustand, versuche im Hier und Jetzt zu sein.

- Nimm dir viel Zeit und Pausen für die Fragen.

- Denke nicht an ein bestimmtes Ziel, das du jetzt sofort erreichen musst. Versuche es loszulassen.

- Freu dich über kleine Erkenntnisse und Schritte.

1. Schritt

Setz dich bequem hin und male die Ringe (siehe Grafik oben) auf ein leeres Blatt Papier. Schreibe, male oder klebe alles auf, was dir zu den vier Hauptbereichen einfällt, egal ob es große oder kleine Dinge sind. Versuche, dich selber innerlich nicht zu begrenzen (»Das kann ich doch nicht aufschreiben, weil es zu profan ist!«), und notiere z.B. auch so etwas wie: »Ich kann stundenlang shoppen«.

2. Schritt

Wenn du fertig bist, dann überprüfe, wo es Überschneidungen gibt. Du kannst entweder die großen Hauptthemen einzeln durchgehen und danach die Überschneidungen herausfinden, oder du stellst dir direkt die Fragen aus jeweils zwei Themenkomplexen. Beispiel für eine Frage aus zwei Themenkomplexen könnte sein: Was liebe ich und was braucht die Welt?

Reflexionsfragen:

- Wo gibt es die meisten Überschneidungen im Diagramm?

- Was überrascht dich? Was irritiert dich?

- Schreibe auf, was dein IKIGAI, dein Sinn des Lebens, sein könnte.

BEISPIEL: DER HOBBYFOTOGRAF

Wenn deine Leidenschaft die Fotografie ist, dann liegen deine Stärken möglicherweise im kreativen Bereich. Das bedeutet, dass du hier bereits eine Überschneidung gefunden hast zwischen »Was liebst du?« und »Was kannst du gut?«. Was könnte hier dein Beitrag für die Welt sein? Und wofür könntest du bezahlt werden?

Es kann sein, dass dir klar wird, dass du mit Fotografie kein Geld verdienen willst, dass du aber mit diesem Hobby mehr Zeit verbringen möchtest. Nicht alles, was du liebst, musst du zu deinem Beruf machen.

3. Schritt

Auf welche Fragen hast du wenige oder keine Antworten? Vielleicht hast du dich mit ihnen noch nie beschäftigt. Nimm es zum Anlass, in nächster Zeit mehr darüber nachzudenken. Lass dir Zeit. Es sind tiefgehende Fragen, die du nicht binnen einer Stunde beantworten musst.

4. Schritt

Was ist dein Fazit? Nutz dieses Modell zur Orientierung für deine weiteren Schritte. Du kannst dich auch mit anderen Menschen zusammensetzen und ihnen erzählen, was dich bewegt in Bezug auf das Modell.

Spiel mit dem IKIGAI-Modell, indem du es so einsetzt, wie es für dich sinnvoll ist. Du kannst die Vorgehensweise auch gerne verändern und an deine Bedürfnisse anpassen.

Wo befindet sich deine persönliche Mitte?

Wenn alle vier Elemente in einem ausgewogenen Verhältnis zueinanderstehen, dann ist die Chance, ein sinnerfülltes und zufriedenes Leben zu führen, groß. Vielleicht hast du bei der Übung Dinge oder Bereiche herausgefunden, die bisher neu für dich waren oder von denen du gar nicht wusstest, dass sie dir Freude und Erfüllung schenken. Denk daran, IKIGAI ist ein kontinuierlicher Prozess und sehr individuell. Das Leben ist dynamisch. Deine Ziele und deine Berufung können sich also durchaus ändern. Es ist daher umso wichtiger, dass du dir regelmäßig Zeit nimmst, zu reflektieren und deinen Lebenssinn erneut zu hinterfragen.

Hast du noch mehr Fragen zur Berufung? Auf der Download-Seite unter https://mybook.haufe.de nach Eingabe des Buchcodes TGA-HL12 in der Kategorie »Kommunikation & Soft Skills«) findest du weitere Infos rund um die Berufung, so zum Beispiel einen ausführlichen Fragen-Antwort-Katalog, den wir während der Arbeit an diesem TaschenGuide im Austausch mit unserer Community erstellt haben. Oder du schreibst uns via tb@tiziana-bruno.com oder info@gregor-adamczyk.de. Wir helfen gerne!

Stichwortverzeichnis

Impressum

Bibliografische Information der Deutschen Nationalbibliothek
Die Deutsche Nationalbibliothek verzeichnet diese Publikation in der Deutschen Nationalbibliografie; detaillierte bibliografische Daten sind im Internet über http://www.dnb.dnb.de abrufbar.

Print: ISBN: 978-3-648-15937-8   Bestell-Nr.: 10832-0001
ePub: ISBN: 978-3-648-15938-5   Bestell-Nr.: 10832-0100
ePDF: ISBN: 978-3-648-15939-2   Bestell-Nr.: 10832-0150

Gregor Adamczyk/Tiziana Bruno
Finde deine Berufung! Persönliche Transformation bewusst gestalten
1. Auflage 2022

© 2022, Haufe-Lexware GmbH & Co. KG, Munzinger Straße 9, 79111 Freiburg
Redaktionsanschrift: Fraunhoferstraße 5, 82152 Planegg/München
Internet: www.haufe.de
E-Mail: online@haufe.de
Redaktion: Jürgen Fischer

Konzeption, Realisation und Lektorat: Nicole Jähnichen, München
Bildnachweis (Cover): Sergey Nivens, Adobe Stock

Die Autoren

Tiziana Bruno

ist seit 20 Jahren Trainerin und Coach für die Themen Führung, Persönlichkeit und Veränderung. Seit vielen Jahren begleitet sie Veränderungsprozesse mit interaktiven Methoden und unterstützt Führungskräfte und Mitarbeiter:innen in ihrer Entwicklung. Sie hat schon zweimal den BDVT-Trainingspreis gewonnen (2002, 2016) und gemeinsam mit Gregor Adamczyk die Bücher »Körpersprache« und »Sich durchsetzen« geschrieben.

Weitere Informationen unter www.tiziana-bruno.com

Gregor Adamczyk

war Theaterregisseur und Drehbuchautor. Er hat unter anderem am Residenztheater in München und für die ARD und den SWR gearbeitet. Seit 1997 ist er als Coach und Trainer tätig mit dem Schwerpunkt Führung und Changemanagement. Gregor zählt im deutschsprachigen Raum zu den Experten von Storytelling-Methoden und ist Autor der im Haufe Verlag erschienenen Bücher »Körpersprache«, »Sich durchsetzen« und »Storytelling«.

Weitere Informationen unter www.gregor-adamczyk.de